Heike Eberl

Mathematische Grundkenntnisse einfach testen!

Förderdiagnostik für 5- bis 6-jährige Kinder

Auer Verlag GmbH

Die Autorin:

***Heike Eberl** – Erzieherin und heilpädagogische Förderlehrerin, tätig in der schulvorbereitenden Einrichtung einer Sprachheilschule mit den Förderschwerpunkten Sprache, Lernen und sozial-emotionale Entwicklung*

Gedruckt auf umweltbewusst gefertigtem, chlorfrei gebleichtem
und alterungsbeständigem Papier.

1. Auflage. 2007
Nach den seit 2006 amtlich gültigen Regelungen der Rechtschreibung

Illustrationen: Julia Flasche
Satz: Fotosatz H. Buck, Kumhausen
Druck und Bindung: Ludwig Auer GmbH, Donauwörth
ISBN 978-3-403-0**4693**-6

www.auer-verlag.de

Inhalt

Vorwort

Im Kindergarten und in der Vorschule stehen Erziehern/-innen und heilpädagogischen Förderlehrern/-innen viele Wege offen, Kinder in ihrer körperlichen, geistigen und sozialen **Entwicklung zu fördern**. Angebote im rhythmisch-musikalischen Bereich, im sozial-emotionalen Bereich, in der Fein- und Grobmotorik – um nur einige Beispiele zu nennen, sind aus dem Kindergarten- und Vorschulalltag nicht mehr wegzudenken.
Mathematische Inhalte sollten einen ebenso großen Stellenwert einnehmen (dabei geht es aber nicht darum, den Kindern komplizierte Rechenoperationen beizubringen)! Wenn Sie als Lehrperson feststellen, dass ein Kind Schwierigkeiten beim Ausmalen und Einhalten von Begrenzungslinien hat, Farben und Formen nicht erkennen, unterscheiden oder sortieren kann, eine bekannte Figur nicht wiederfindet, wenn sie in einer anderen Position dargestellt wird, Begriffe wie oben/unten, vorne/hinten, links/rechts nicht umsetzen kann bzw. nicht versteht, werden Sie sich **Übungen und Spiele überlegen, um dem Kind zu helfen**, seine Motorik, Wahrnehmung und Orientierungsfähigkeiten zu verbessern.
Dass die genannten Bereiche Visuomotorik, Koordination, Zuordnungen und Vergleiche, Raum-Lage-Beziehung, räumliche Orientierung etc. bereits zu den **mathematischen Vorläuferfähigkeiten** gehören und als **Basis für mathematisches Denken und Handeln** vorauszusetzen sind, ist uns dabei nicht immer bewusst.

Das Überprüfungsverfahren in diesem Buch hilft dabei, pränumerische und erste numerische Kenntnisse systematisch, gezielt und gleichzeitig spielerisch und **kindgerecht zu überprüfen**. Zu Letzterem tragen sicherlich die **Rahmenhandlung** mit den Hauptfiguren Prinzessin Lilli, Zwerg Willi und der Zauberer Hin-und-Weg bei, denen die Kinder helfen, verschiedene kleine **Aufgaben im Zahlen- und Formenland** zu lösen. Ebenso gibt das Überprüfungsverfahren Aufschluss über das Lern- und Arbeitsverhalten der Kinder. Zu beachten sind Aufgabenverständnis, Ausdauer, Aufmerksamkeit, Arbeitstempo, Anstrengungsbereitschaft etc.

An dieser Stelle sei erwähnt, dass das vorliegende Überprüfungsverfahren nur **Anhaltspunkte über Schwächen** in den überprüften Bereichen liefern kann. Je nach Ergebnis können daraufhin Varianten der Aufgaben spielerisch geübt und Übungen wie Zuordnen, Sortieren o.Ä. in den Alltag integriert werden. So können die Kinder in den relevanten Bereichen gezielt gefördert werden. Sollten sich bei der Auswertung jedoch gravierende Defizite herausstellen, sollte man ein entsprechendes detailliertes Testverfahren dazunehmen. Darüberhinaus sind Gespräche mit den Eltern und der Austausch mit Kollegen sehr wichtig. Eventuell kann auch das Hinzuziehen von Therapeuten, wie z. B. aus der Ergotherapie, hilfreich und sinnvoll sein.

In jedem Fall helfen angemessenes Lob und Anerkennung dem Kind, Vertrauen in seine eigenen Fähigkeiten zu setzen, und fördern die **Freude am Lernen**. Ihnen und den Kindern wünsche ich viel Freude an den Übungen und gutes Gelingen bei der Durchführung des Überprüfungsverfahrens!

Heike Eberl

Die Teilleistungsbereiche des Überprüfungsverfahrens

Das Überprüfungsverfahren ist so aufgebaut und gestaltet, dass der spielerische Charakter nicht zu kurz kommt. Die Kinder sollen das Verfahren nicht als Überprüfung ihrer Leistungen empfinden, sondern sollen im Zahlen- und Formenland mit Prinzessin Lilli, Zwerg Willi und dem Zauberer Hin-und-Weg spielen und lernen.

In 39 Aufgaben werden die fünf Bereiche Mathematik, Geometrie, Basiswissen, Denken und Sprachverhalten der Kinder überprüft. Im Folgenden finden Sie zuerst einen Überblick darüber, welche Kenntnisse im Einzelnen überprüft werden und anschließend folgt eine nähere Erklärung einzelner Teilleistungsbereiche. Die Teilleistungsbereiche sind der Übersichtlichkeit halber immer nur einem Schwerpunktbereich zugeordnet, auch wenn sie sich teilweise zu mehreren übergeordneten Bereichen sortieren ließen (z. B. Figur-Grund-Wahrnehmung).

Überblick

➡ **Bereich Mathematik**
- Farben erkennen, vergleichen, zuordnen
- Eins-zu-Eins-Zuordnung
- Identifikation mit einer Zahl
- Simultane Mengenerfassung
- Klassifikationen: Mengen erfassen, herstellen, zuordnen
- Mengenvergleiche vornehmen
- Mächtigkeitsvergleiche durch Hinzufügen, Wegnehmen, Umstrukturieren

➡ **Bereich Geometrie**
- Formen benennen
- Formen zuordnen
- Figur-Grund-Wahrnehmung (geometrischer Figuren)

➡ **Basaler Bereich**
- Visuomotorik (Formen nachzeichnen)
- Visuelle Wahrnehmung (Formkonstanz, Raum-Lage-Beziehungen/-Orientierung)
- Räumliche Orientierung/Raumbegriffe (erste-letzte, größte-kleinste, auf-unter, rechts-links; Zuordnung; Wege finden)
- Seriationen bilden
- Körperwahrnehmung (Körperteile zeigen, benennen, zeichnen)
- Körperschema

➡ **Bereich Denken**
- Sukzessives Zählen
- Gegenstandsmengen abzählen
- Zählen (vorwärts, rückwärts, abzählen, Simultanerfassung)
- Zahlen und Ziffern erkennen, benennen, zuordnen
- Zahlengedächtnis (auditiv und visuell)

➡ **Sprachlicher Bereich**
- Benennen von Farben
- Erzählen einer Bildgeschichte mit Schilderung des Zusammenhangs
- detailbetrachtende Wahrnehmung (Bildvergleich)

Nähere Erklärung einzelner Teilleistungsbereiche

⇨ Bereich Mathematik

- **Eins-zu-Eins-Zuordnung:** Zwei Mengen werden miteinander verglichen und dabei wird jedem Element der einen Menge, ein Element der anderen Menge zugeordnet, z. B. Bälle und Stifte, Bäume und Äpfel, Kleeblätter und Käfer. Wird ein Tisch für 5 Personen gedeckt, benötigt jede Person z. B. einen Teller, ein Messer, eine Gabel, also insgesamt fünf Teller, fünf Messer, fünf Gabeln. Die Fähigkeit, die Eins-zu-Eins-Zuordnung herstellen zu können, ist eine Voraussetzung für den Zahlenerwerb.
- **Klassifikationen – Die Anzahl als eine Eigenschaft von Mengen:** Die Klassifikation (Gruppenbildung) bezeichnet die Einteilung von Objekten in Gruppen aufgrund verbindender Gemeinsamkeiten, Merkmale oder Eigenschaften. Diese Fähigkeit ist die grundlegende Voraussetzung für die Leistung des Quantifizierens, d. h. Eigenschaften in Zahlen und messbare Größen umzusetzen. Anfangsübungen im Kindergarten und in der Vorschule könnten z. B. sein: Was kann fliegen? (Flugzeug, Frosch, Biene, Schmetterling, Auto); das Ordnen von farbigen Formen nach einem oder zwei Merkmalen: „Suche alle ‚roten' Formen (1 Merkmal)" „Suche alle „roten Kreise" (2 Merkmale)". Ein Beispiel für die Klassifikation von Mengen nach deren Zahleigenschaft könnte dann sein, dass unterschiedlich dargestellte Mengen als gleichmächtig erkannt werden. Die Kinder lernen bei den vorliegenden Übungen das Herstellen von Mengen in verschiedenen Spielvarianten, z. B. durch Vorlage einer Zahlkarte.
- **Invarianz (Unveränderlichkeit der Anzahl)** bedeutet, dass die Anzahl einer Menge unverändert bleibt, wenn sich z. B. die räumliche Anordnung verändert. Diese Fähigkeit ist die Grundvoraussetzung mathematischen Denkens. Fünf Pflaumen bleiben fünf Pflaumen, ob sie an einem Pflaumenbaum hängen oder bereits gepflückt sind und auf dem Teller liegen.
- **Repräsentanz mit Invarianz (Mächtigkeitsvergleiche):** Hier werden zwei gleiche oder nicht gleiche Gegenstandsmengen umgeordnet. Dabei werden die Begriffe „gleich viele", „mehr" und „weniger" erlernt.
- **Mächtigkeitsvergleiche durch Hinzufügen und Wegnehmen:** Dazu gehören das Ergänzen und Vermindern von Mengen sowie die Mengenzerlegungen, z. B. 2 + 3 = 5 oder 1 + 4 = 5.
- **Reversibilität (Umkehrhandlungen):** Nicht nur in der Mathematik ist es wichtig, die Fähigkeit zum Umkehrdenken zu entwickeln. Innerhalb der gesamten kognitiven Entwicklung nimmt die Reversibilität einen besonderen Stellenwert ein. Sie ist deshalb ein Grundpfeiler logischen Denkens.
  Beispiel: Die Menge 3 erhalte ich durch 1+2. Auf dem Zahlenweg (siehe Foto, S. 10) ist dies für Kinder einfach und erfahrbar darzustellen. Stehe ich auf der 1 und gehe zwei Schritte vorwärts, so stehe ich auf der 3 (1 + 2 = 3). Gehe ich nun wieder zwei Schritte zurück, so befinde ich mich wieder auf der 1 (3 – 2 = 1). Das Rückwärtsgehen ist die Umkehrreaktion des Vorwärtsgehens.
- **Simultane Mengenerfassung:** Darunter versteht man das Erkennen der Menge einer Zahl durch visuelle Wahrnehmung (ohne mit den Fingern abzuzählen.) Bei Vorschulkindern sollte dies bis zur Menge 5 möglich sein. Das Würfelbild ist nicht entscheidend.

⇨ Bereich Geometrie

- **Geometrische Formen**
  Die Kinder lernen im Überprüfungsverfahren fünf verschiedene Formen kennen: Kreis, Oval, Dreieck, Viereck und Fünfeck. In unterschiedlichen Übungen sollen die Kinder die Formen erkennen, benennen und gleiche Formen einander zuordnen.
- **Figur-Grund-Wahrnehmung (FGW)**
  Die Figur-Grund-Wahrnehmung und -Differenzierung ist ebenfalls einen der grundlegenden Voraussetzungen für das Erkennen von einzelnen Ziffern und mehrstelligen Zahlen. Gelingt es nur schwer, eine Figur schnell und genau vom Hintergrund abzuheben, entsteht Verunsicherung und Desorientierung. Kinder mit Störungen der FGW erscheinen uns zuweilen planlos. Den Kindern

wird oft fälschlicherweise mangelnde Aufmerksamkeit und Anstrengungsbereitschaft unterstellt. Ein Indiz für eine Störung der FGW könnte z. B. auch sein, dass Kinder nicht in der Lage sind, etwas zu finden, selbst wenn es direkt vor ihnen liegt. Ziel der Förderung der FGW sollte es u. a. auch sein, die Aufmerksamkeit für eine bestimmte Aufgabe auf das Wesentliche zu konzentrieren und alle nicht zur Sache gehörenden Reize auszuschalten.

⇨ Basaler Bereich

- **Visuomotorische Koordination** ist die Fähigkeit, das Sehen mit Körperbewegungen zu koordinieren. Die komplikationslose Durchführung nahezu jeder Handlungsfolge hängt von einer ungestörten Koordination von Auge und Motorik ab. Kinder mit Problemen in diesem Bereich haben Schwierigkeiten beim Ausmalen, beim Einhalten von Begrenzungslinien, Schneiden auf einer Linie und auch das Binden von Schuhbändern wird oftmals zu einem Problem.
- Der Begriff **Formkonstanz** umschreibt die Fähigkeit, Formen als konstant zu erkennen, auch wenn ihre Position verändert wird und sie dadurch aus einer anderen Perspektive erscheinen. Kinder mit Störungen in der Formwahrnehmung haben Schwierigkeiten, mit Zeichen und Symbolen zu arbeiten. Unter Umständen erkennen sie denselben Buchstaben oder dieselbe Zahl nicht wieder, wenn sie in einem anderen Zusammenhang stehen.
- **Räumliche Orientierung** ist die Orientierung im Raum vom eigenen Körper aus. Erst, wenn das Kind erfahren hat und verbal zum Ausdruck bringen kann „oben ist mein Kopf, unten sind meine Füße“ ist es möglich, die Raumlage von Objekten zu erkennen und räumliche Beziehungen zu erfassen. Mit dem Begriff **Raum-Lage-Orientierung** umschreibt man das sichere Erkennen der Raumlage eines Gegenstandes oder des eigenen Körpers. Hierzu gehört die Wahrnehmung von rechts und links sowie oben und unten. Kinder, die in diesem Bereich Probleme haben, können sich nur schwer in einem Raum orientieren. Sie stoßen an Gegenstände oder schubsen andere Kinder, ohne es zu wollen. Einfache und häufig auftretende Hinweise sind z. B. das Verwechseln von b und d, von p und q, von der Zahl 6 und 9, 24 und 42. Mögliche Ursachen hierfür können eine z. B. noch nicht oder nicht richtig ausgeprägte Lateralität (Seitigkeit bzw. Dominanz einer Körperhälfte, z. B. Rechts- bzw. Linkshändigkeit) des Körpers sein.
- Das **Körperbewusstsein** setzt sich aus drei Elementen zusammen. Erstens aus dem Körperimago, das ist die persönliche Erfahrung, die ein Mensch von seinem Körper erworben hat. Zweitens aus dem Körperbegriff, das ist das Wissen um den eigenen Körperbau und die Funktion der Körperteile, und drittens aus dem Körperschema, welches die Raum-Lage-Befindlichkeit des eigenen Körpers meint. Das **Körperschema** setzt sich zusammen aus dem Wissen um die Teile des Körpers, um die Stellung und Bewegungsmöglichkeiten der Körperteile und die Abgrenzung des Körpers zum Raum. Das Gleichgewicht des Menschen hängt von seinem Körperschema ab. Ohne das Gleichgewicht wären wir nicht in der Lage zu gehen, uns hinzusetzen oder irgendeine andere Bewegung zu machen, ohne hinzufallen. Ebenso ist die propriozeptive Wahrnehmung, d. h. die Eigenwahrnehmung hier einzuordnen. Kinder, die in diesem Bereich Probleme haben, fallen häufig durch „Abstandsprobleme“ auf: Sie können mit geschlossenen Augen den soeben abgestellten Gegenstand nicht wieder ergreifen.
- **Seriation** (übersetzt „linear geordnete Menge“; Reihenbildung): Die Reihenbildung beinhaltet die Fähigkeit, Gegenstände gemäß einer spezifischen Regel in eine Reihe zu bringen. Dies wiederum setzt eine ausreichende räumliche Orientierung voraus.
  Die Mächtigkeit einer Zahl und die Einordnung der Zahl in die Zahlenreihe werden durch die Reihenbildung erfahrbar und sind die Voraussetzungen für das spätere Zahlenverständnis. Das Legen von Reihen mit großen und kleinen Gegenständen und Formen sind wichtige Vorübungen. Dabei ist der Sprachgebrauch sehr wichtig, z. B. zuerst-dann-zuletzt; am Anfang – in der Mitte – zum Schluss; kleiner als – größer als. Gelingt die Seriation nicht, ist ein „echtes“ Zahlenverständnis nicht möglich. Als **Serialität** bezeichnet man das Legen, Herstellen, Anordnen von Reihen nach einer vorgegebenen Reihenfolge, z. B. mit Farben: blau – gelb – blau.

⇨ Bereich Denken

- Unter der **Zählfähigkeit** versteht man das Vorwärts- und Rückwärtszählen, sowie das Abzählen von linearen und ungeordneten Mengen.
  Beim automatisierten Zählen haben die Kinder meist keine Vorstellung von der Größe und Menge einer Zahl. Für die spielerische Aneignung des Zahlbegriffes bieten sich z. B. auf dem Zahlenweg (siehe Foto S.10) verschiedene Übungsmöglichkeiten an.
  Beispiele Zahlenweg: Gehen oder hüpfen, vorwärts und rückwärts, mit geschlossenen Augen, Schritt für Schritt laut und leise zählen („ich stehe auf der 3 vor mir ist die 4 hinter mir die 2“), Türme bauen, die Anzahl als Gegenstandsmenge zur jeweiligen Ziffer legen.
- Beim **Zahlwissen** geht es um das Erkennen, Benennen und Zuordnen von **Zahlen** und **Ziffern**. Man spricht von einer Zahl oder von Zahlen, wenn man zählt („eins, zwei, drei“) und die Zahl als so genanntes „Zahlwort“ hört. Von Ziffern spricht man, wenn die Zahlen geschrieben, nachgelegt, nachgespurt oder nachgegangen werden, und das so genannte „Ziffernbild“ zu erkennen ist. Ziffern werden gelesen und als Zahl erkannt.
- **Zahlengedächtnis**: Man kann zwischen dem **auditiven** und dem **visuellen** Zahlengedächtnis unterscheiden. *Beispiel für das auditive Zahlengedächtnis:* Den Kindern werden z. B. Zahlenreihen mit drei, vier oder fünf Zahlen vorgesprochen. Die Kinder hören die Zahlen, sollen sie im Gedächtnis abspeichern und anschließend verbal wiedergeben. *Beispiel für das visuelle Zahlengedächtnis:* Den Kindern werden Ziffernkarten, z. B. 1, 3, 5, vorgelegt und anschließend wieder weggenommen oder umgedreht. Die Kinder sehen die Zahlen, speichern sie im Gedächtnis und legen die Reihe anschließend nonverbal, ohne zu sprechen, nach.

⇨ Sprachlicher Bereich

- **Sprache** ist die Grundlage allen Lernens. Durch die Sprache kann man sich mitteilen, kann Fragen stellen und Antworten geben. Sprache bedeutet aber noch mehr: Wörter müssen ihrem Sinn entsprechend angewandt und verstanden werden.
  Die Artikulation, das Sprachverständnis und Sprachverhalten, der Wortschatz und die detailbetrachtende Wahrnehmung der Kinder werden in diesem Bereich überprüft.

3 Hinweise zur Durchführung

Das Überprüfungsverfahren verläuft so, dass das Kind – geleitet von der Lehrperson – die einzelnen Aufgaben auf den Kopiervorlagen ausführt. In der Regel umfasst jede Aufgabe eine Viertelseite von einer DIN-A4-Seite.

> Hinweis: Alternativ zu den Kopiervorlagen kann auch die Überprüfung (und auch die Auswertung) in Heftform genutzt werden. So lässt sich für jedes Kind übersichtlich ein eigenes Heft anlegen und das Kopieren entfällt. Einen 5er-Doppelpack Testhefte (bestehend aus einem Überprüfungsheft und der Auswertung) kann man unter der ISBN 978-3-403-04715-5 beim Auer Verlag beziehen.

Die Auswertung umfasst den *Auswertungsbogen, die Auswertungstabelle und das Auswertungsdiagramm.*
Im Auswertungsbogen werden die Daten des Kindes erfasst und unter dem Bereich Notizen sämtliche Anmerkungen zu den Übungen notiert. Diese Anmerkungen gehören essentiell zum Gesamtergebnis des Überprüfungsverfahrens.
In der Auswertungstabelle werden Punkte für jede Übung vergeben. Die Punkte werden in das Auswertungsdiagramm übertragen. Dort kann man anhand der angemalten Kästchen auf einen Blick erkennen, in welchen Bereichen das Kind gut abgeschnitten hat und in welchen Bereichen Förderbedarf besteht.
In der Regel sollte man, während das Kind an einer Aufgabe arbeitet, Anmerkungen und Ergebnisse unter dem Bereich „Notizen" im Auswertungsbogen vermerken und nicht im Überprüfungsheft, um das Kind während der Arbeit nicht zu irritieren. Falls notwendig, ist es ratsam, erst nach Abschluss der Überprüfung Anmerkungen ins Überprüfungsheft zu übernehmen. Während der Arbeit ist es wichtig, die Kompetenzen des Kindes zu benennen, um es zu motivieren.
Sollte sich das Kind durch Anordnung von vier Aufgaben auf einer Seite ablenken lassen, so ist es sinnvoll, die nicht relevanten Aufgaben abzudecken, sodass das Kind nur die aktuelle Aufgabe sieht.

Im Folgenden finden Sie wichtige Hinweise, die vor, während und nach der Durchführung beachtet werden sollten.

1. Das Überprüfungsverfahren wird immer nur mit einem Kind durchgeführt.
2. Die Lehrperson wählt einen Raum, indem sie mindestens 30 Minuten mit dem Kind ungestört arbeiten kann.
3. Die Lehrperson und das Kind sitzen an einem Tisch. Das Kind sitzt auf der rechten oder linken Seite neben der Lehrperson und nicht gegenüber.
4. Das Überprüfungsverfahren kann als Ganzes, also Aufgabe 0 bis 39, oder in kürzeren Teilabschnitten durchgeführt werden. Dies richtet sich nach der Ausdauer und Konzentration des Kindes, nicht nach dem Alter.
5. Die Lehrperson notiert sich die Zeit zu Beginn und am Ende des Überprüfungsverfahrens.
6. Wird das Überprüfungsverfahren unterbrochen oder in Teilschritten durchgeführt, notiert die Lehrperson die bereits benötigte Zeit für die gelösten Aufgaben. Eine kurze Bemerkung, weshalb das Überprüfungsverfahren unterbrochen wurde, ist sinnvoll.
7. Für die einzelnen Aufgaben gibt es keine vorgeschriebenen Zeitangaben. Die Lehrperson notiert sich jedoch die Aufgabenbereiche, für die das Kind außergewöhnlich viel Zeit benötigt.
8. Versteht das Kind eine Anweisung nicht, darf sie von der Lehrperson wiederholt oder sinngemäß umformuliert werden.
9. Die Lehrperson richtet alle zur Durchführung notwendigen Materialien (siehe Foto, S.10) vor Beginn des Überprüfungsverfahrens her. Einige Aufgaben im Überprüfungsheft müssen vorher von der Lehrperson vorbereitet, d. h. gesondert angemalt werden (siehe Anleitung).
10. Die Lehrperson sorgt vor, während und nach der Durchführung für eine angenehme und entspannte Atmosphäre.

Anleitung

Im Folgenden wird jede Aufgabe anhand der drei Kategorien *zusätzliches Material, Vorgehen und Text* sowie *ergänzende Hinweise* vorgestellt.
Das Überprüfungsheft, ob als Kopiervorlage oder in Heftform, sowie der Auswertungsbogen und Schreibmaterial für die Lehrkraft werden vorausgesetzt und nicht gesondert erwähnt.
Die Kinder arbeiten entweder direkt im Überprüfungsheft oder führen eine Tätigkeit aus, wie z. B. auf dem auf den Fußboden ausgelegten Zahlenweg gehen. Informationen dazu sind der jeweiligen Aufgabe zu entnehmen.

Überblick über zusätzlich benötigte Materialien

Schatzkiste

Ziffernkarten mit den Ziffern von 1–5

Säckchen zur Aufbewahrung der Edelsteine (Glaskugeln/-perlen/-plättchen) und Goldtaler (10- oder 20-Cent-Stücke)

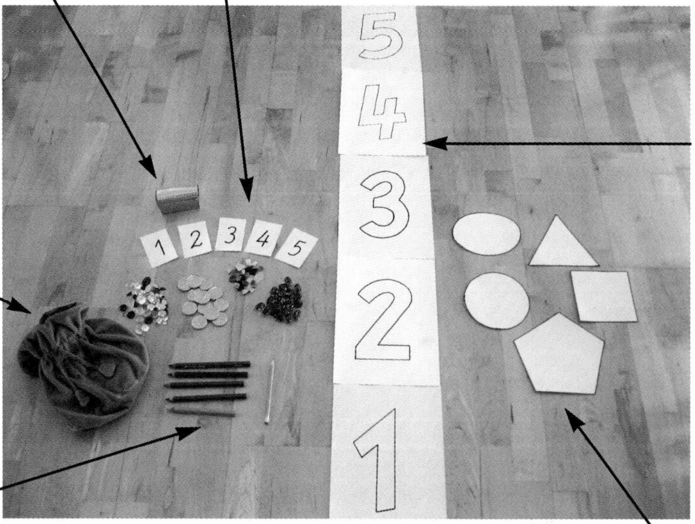

Zahlenweg von 1 bis 5 (einzelne DIN-A4-Blätter mit den Zahlen von 1 bis 5 beschriftet; es wird empfohlen, die Ziffer 0 als Startpunkt hinzuzunehmen)

Bleistift und Buntstifte (rot, gelb, grün, blau und braun)

Geometrische Formen Kreis, Oval, Dreieck, Viereck, Fünfeck aus weißem Fotokarton (Kreis, Dreieck, Viereck jeweils 4-mal)

Einstiegsbild: Zahlen- und Formenland

- ✓ Zusätzliches Material: –
- ✓ Vorgehen und Text: Die Lehrperson betrachtet gemeinsam mit dem Kind das Bild. Die Lehrperson erzählt: *„Sieh dir das Bild an. In diesem Land wohnt Prinzessin Lilli, der Zwerg Willi und der Zauberer Hin-und-Weg. Lilli sorgt für Ordnung im Zahlen- und Formenland. Willi, der Zwerg, bringt die Zahlen und Formen oft durcheinander. Du kannst ihm helfen, die Aufgaben zu lösen, die Lilli für ihn vorbereitet hat. Du darfst das Zahlen- und Formenland besuchen und wirst viele Abenteuer mit den Formen und Zahlen erleben. Fangen wir gleich an!"*
- ✓ Ergänzende Hinweise: Spontane Äußerungen des Kindes bei der Bildbetrachtung sind erwünscht. Die Lehrperson kann diese unter „Notizen" auf dem Auswertungsbogen vermerken, um einen ersten Eindruck z. B. über Satzbau, Grammatik, Wortschatz und Artikulation des Kindes zu bekommen.

1. Formen benennen

- ✓ Zusätzliches Material: laminierte ausgeschnittene Formen (Kreis, Oval, Dreieck, Viereck, Fünfeck)

- ✓ Vorgehen und Text: Die Lehrperson legt dem Kind die fünf Formen Kreis, Oval, Dreieck, Viereck, Fünfeck (Größe wie bei Aufgabe 1 vorgegeben) in beliebiger Reihefolge vor. Die Lehrperson spricht: *„Willi zeigt dir hier verschiedene Formen. Kannst du ihm sagen, wie sie heißen?"*
- ✓ Ergänzende Hinweise: Das Kind zeigt auf die einzelnen Formen und nennt sie beim Namen. Die Lehrperson notiert unter „Notizen" im Auswertungsbogen richtige und falsche Antworten des Kindes. Nach der Überprüfung kann auf der Seite neben jede richtig benannte Form ein Häkchen gesetzt werden (allerdings nicht *während* das Kind an der Aufgabe arbeitet).

2. Formen zuordnen, Farben erkennen

- ✓ Zusätzliches Material: Buntstifte (rot, gelb, blau, grün, braun)
- ✓ Vorgehen und Text: Die Lehrperson legt fünf Buntstifte mit den Farben rot, gelb, blau, grün und braun auf den Tisch oberhalb des Überprüfungsheftes und zeigt auf die zehn Formen in Aufgabe 2. Sie spricht: *„Hier siehst du die gleichen Formen noch einmal. Jetzt ist jede Form zweimal da. Bitte hilf Willi, immer zwei gleiche Formen miteinander zu verbinden. Verbinde die Kreise mit dem roten Buntstift."*
  (… die Ovale mit dem gelben Buntstift; … die Dreiecke mit dem blauen Buntstift; … die Vierecke mit dem grünen Buntstift; … die Fünfecke mit dem braunen Buntstift)
- ✓ Ergänzende Hinweise: Die Anweisungen erfolgen nacheinander, immer dann, wenn die vorhergehende Aufgabe ausgeführt wurde. Liegen die Stifte oberhalb des Übungsblattes, kann die Lateralität (Seitigkeit) des Kindes beobachtet werden. Mit welcher Hand greift das Kind nach dem Stift? Die Lehrperson kann dies unter „Notizen" im Auswertungsbogen eintragen.

3. Farben benennen

- ✓ Zusätzliches Material: Buntstifte
- ✓ Vorgehen und Text: Die Buntstifte liegen oberhalb des Übungsblattes. Die Lehrperson zeigt auf die fünf Bälle in Aufgabe 3. Sie spricht: *„Lilli hat fünf Bälle gezeichnet. Jeder Ball hat eine andere Farbe. Du darfst die Bälle mit den Buntstiften anmalen. Sage mir, wie die Farbe heißt, die du verwendest."*
- ✓ Ergänzende Hinweise: Hier können die Auge-Hand-Koordination, die Stifthaltung, der Stiftaufdruck, das Einhalten von Begrenzungslinien und das Erkennen und Benennen der Farben beobachtet werden. Die Lehrperson kann dies unter „Notizen" im Auswertungsbogen eintragen.

4. Räumliche Orientierung/Raumbegriffe (erste/letzte)

- ✓ Zusätzliches Material: Bleistift
- ✓ Vorgehen und Text: Die Lehrperson zeigt auf die Tiere in Aufgabe 4. Ein Bleistift liegt auf dem Tisch oberhalb des Überprüfungsheftes. Die Lehrperson spricht: *„Mit dem Bleistift soll Willi das erste Tier und das letzte Tier einkreisen. Bitte nimm deinen Bleistift und hilf ihm."*
- ✓ Ergänzende Hinweise: Ggf. Schwierigkeiten beim Verstehen und Umsetzen von Begriffen notieren.

5. Farben vergleichen, erkennen, zuordnen

- ✓ Zusätzliches Material: Bleistift; die Abbildungen der Buntstifte und Bälle vorher in rot, gelb, blau, grün, braun anmalen (Reihenfolge siehe unten)
- ✓ Vorgehen und Text: Die Lehrperson zeigt auf Übung fünf und erklärt: *„Willi, der Zwerg, möchte immer die gleichfarbigen Bälle und Stifte verbinden. Du kannst ihm dabei helfen. Beginne bitte jetzt!"*
- ✓ Ergänzende Hinweise: Die Bälle und Stifte im Überprüfungsheft werden vorher von der Lehrperson in folgender Reihenfolge angemalt: Bälle rot, gelb, blau, grün, braun und Stifte blau, grün, braun, rot, gelb. Das Kind nimmt zum Verbinden der Bälle und Stifte den Bleistift.

6. Identifikation mit einer Zahl

- ✓ Zusätzliches Material: Buntstifte
- ✓ Vorgehen und Text: Die Buntstifte liegen wieder auf dem Tisch oberhalb des Überprüfungsheftes verteilt. Die Lehrperson zeigt auf die Aufgabe 6: *„Lilli möchte wissen, wie alt du bist. Male für jedes Jahr eine Kerze auf den Geburtstagskuchen. Nimm dazu bitte die Buntstifte."*
- ✓ Ergänzende Hinweise: Neben der Menge der Kerzen können hier Beobachtungen zum Umgang mit dem Stift und zur Hand- und Fingerbeweglichkeit (steif, schwach, verkrampft, locker) getätigt werden.

7. Sukzessives Zählen

- ✓ Zusätzliches Material: –
- ✓ Vorgehen und Text: Die Lehrperson zeigt auf Aufgabe 7: *„Lilli möchte wissen, wie weit du zählen kannst."*
- ✓ Ergänzende Hinweise: Die Lehrperson notiert im Überprüfungsheft auf der Linie, wie weit das Kind zählt. Besonderheiten/Auffälligkeiten werden im Auswertungsbogen notiert.

8. Gegenstandsmenge abzählen

- ✓ Zusätzliches Material: –
- ✓ Vorgehen und Text: Die Lehrperson zeigt auf Aufgabe 8: *„Im Garten von Lilli wachsen wunderschöne Blumen. Zähle bitte, wie viele Blumen es sind!"*
- ✓ Ergänzende Hinweise: Das Kind soll die Menge der Blumen abzählen. Die Lehrperson kann jedoch zusätzlich beobachten, ob das Kind die Menge bereits bis fünf simultan erfassen kann. Das Ergebnis wird im Überprüfungsheft bzw. im Auswertungsbogen unter „Notizen" vermerkt.

9. Vorwärtszählen auf dem Zahlenweg

- ✓ Zusätzliches Material: Zahlenweg (bestehend aus 6 DIN-A4-Seiten, ggf. laminiert, die mit einer Zahl von 0 bis 5 beschriftet sind, vgl. Foto, S. 10)
- ✓ Vorgehen und Text: Die Lehrperson legt den Zahlenweg von eins bis fünf vor dem Kind auf den Boden. Dabei werden die Zahlen nicht benannt. Die Lehrperson erklärt: *„Über den Zahlenweg kommt Lilli zu Willi. Gehe auf dem Weg von Zahl zu Zahl und zähle laut mit."*
- ✓ Ergänzende Hinweise: Auch die Null wird vor der Eins zum Zahlenweg gelegt. Sie ist der Startpunkt, wird aber nicht mitgezählt. Die Zahlenfolge des Kindes wird im Auswertungsbogen unter „Notizen" vermerkt. Bei den Übungen 9, 10, 11 und 12 können des Weiteren die Körperkoordination (Arme, Beine), das Gleichgewicht und der Muskeltonus (schlaff/angespannt) beobachtet werden.

10. Rückwärtszählen auf dem Zahlenweg

- ✓ Zusätzliches Material: Zahlenweg
- ✓ Vorgehen und Text: Vorbereitung wie bei Aufgabe 9: *„Willi versucht nun, rückwärts zu zählen. Kannst du ihm helfen? Stelle dich auf die Fünf und gehe immer eine Zahl zurück. Zähle dabei laut mit."*
- ✓ Ergänzende Hinweise: Das Kind soll auf dem ausgelegten Zahlenweg rückwärtsgehen. Die Zählweise wird bei Übung 9 im Auswertungsbogen vermerkt.

11. Ziffern auf dem Zahlenweg erkennen

✓ Zusätzliches Material: Zahlenweg, Ziffernkarten von 1 bis 5 (vgl. Foto, S. 10)

✓ Vorgehen und Text: Vorbereitung wie bei Aufgabe 9, hier mit Ziffernkarten. Die Lehrperson zeigt dem Kind nacheinander die Ziffernkarten von 1 bis 5. Sie erklärt: *„Auf dieser Karte siehst du die Zahl 3. Willi möchte sich auf die 3 am Zahlenweg stellen. Zeige ihm bitte, wie das geht."*

✓ Ergänzende Hinweise: Bei dieser Aufgabe hört das Kind die Zahl, das so genannte Zahlwort, und erkennt oder vergleicht die Ziffern von Ziffernkarte und Zahlenweg, das so genannte Ziffernbild.

12. Ziffer erkennen, Zahl benennen

✓ Zusätzliches Material: Zahlenweg

✓ Vorgehen und Text: Vorbereitung wie bei Aufgabe 9. Die Lehrperson spricht:
1. *„Nun stelle dich auf die drei am Zahlenweg und schließe die Augen. Lilli möchte wissen, welche Zahl vor der drei kommt? Sage sie bitte laut."*
2. *„Bestimmt weißt du auch, welche Zahl nach der drei kommt? Sage sie bitte laut."*

✓ Ergänzende Hinweise: Kann das Kind die Zahlen mit geschlossenen Augen nicht nennen, überprüft die Lehrperson, ob die Übung gelingt, wenn das Kind die Ziffern sieht. Die Lehrperson notiert dies und die Antworten unter „Notizen" auf dem Auswertungsbogen. Achtung: Auf mögliche sprachliche Missverständnisse bezüglich der Begriffe „vor"/„nach" achten und diese klären.

13. Zahl hören, Ziffer erkennen

✓ Zusätzliches Material: Buntstifte (gelb und blau)

✓ Vorgehen und Text: Die Buntstifte liegen auf dem Tisch oberhalb des Überprüfungsheftes. Die Lehrperson zeigt auf die Häuser in Aufgabe 13:
1. *„Hier siehst du fünf Häuser. Willi wohnt im Haus mit der Nummer drei. Male dieses Haus bitte mit dem blauen Buntstift an."*
2. *„Der Zauberer Hin-und-Weg wohnt im Haus mit der Nummer fünf. Male dieses Haus bitte mit dem gelben Buntstift an."*

✓ Ergänzende Hinweise: Im ersten Teil der Aufgaben hört das Kind die Zahl und soll das entsprechende Ziffernbild finden. Im zweiten Teil geht es wieder um Farbzuordnungen.

14. Visuomotorik (siehe Teile 14.1–14.5)

✓ Zusätzliches Material (für 14.1–14.5): Bleistift, roter Buntstift, Schatzkiste, Goldstücke, Edelsteine, Glasperlen (vgl. Foto, S. 10)

✓ Vorgehen und Text: Die Lehrperson erzählt: *„Eine Schatzkiste mit Goldstücken, Edelsteinen und Glasperlen wird vom Zauberer Hin-und-Weg bewacht. Diese Schatzkiste gehört Prinzessin Lilli. Du darfst dir etwas aus der Schatzkiste aussuchen, wenn du die folgenden fünf Aufgaben lösen kannst."*

✓ Ergänzende Hinweise: Das Bild von Aufgabe 14 ist nur die Einleitung für die folgenden fünf Teilaufgaben, für die eine Punktevergabe erfolgt. Die Gegenstände aus der Schatzkiste können entweder auf die Zeichnung gelegt werden oder in ein echtes kleines Schmuckkästchen. Das kleine Geschenk ist für die Kinder eine besondere Motivation.

14.1 Formen zeichnen

✓ Zusätzliches Material: Bleistift

✓ Vorgehen und Text: *„Deine erste Aufgabe lautet: „Zeichne auf der rechten Seite mit dem Bleistift bitte einen Kreis, ein Dreieck und ein Viereck."*

14.2 Formkonstanz

- ✓ Zusätzliches Material: Bleistift
- ✓ Vorgehen und Text: *„Deine zweite Aufgabe lautet: Zeige auf den oberen Turm. Unten sind auch Türme. Suche bitte den Turm, der genauso aussieht, wie der obere Turm. Kreuze den Turm mit dem Bleistift an."*

14.3 Raumlage

- ✓ Zusätzliches Material: Bleistift
- ✓ Vorgehen und Text: *„Deine dritte Aufgabe lautet: Zeige auf die obere Blumenvase. Unten sind auch Vasen. Suche bitte die Vase, die genauso aussieht, wie die obere Vase. Kreuze die Vase mit dem Bleistift an."*

14.4 Erkennen der Lage im Raum

- ✓ Zusätzliches Material: Bleistift
- ✓ Vorgehen und Text: *„Deine vierte Aufgabe lautet: Hier siehst du fünf Kronen. Mache bitte ein Kreuz bei der Krone, die anders als die anderen aussieht. Diese Krone gehört Prinzessin Lilli."*

14.5 Figur-Grund-Wahrnehmung

- ✓ Zusätzliches Material: roter Buntstift, Schatzkiste mit Goldstücken, Edelsteinen, Glasperlen
- ✓ Vorgehen und Text: *„Willi hat den Schlüssel für die Schatzkiste versteckt. Deine fünfte Aufgabe lautet: Finde bitte den Schlüssel für die Schatzkiste wieder! Spure den Schlüssel mit deinem roten Buntstift nach."*
  Die Lehrperson erzählt danach: *„Du darfst dir als Dankeschön etwas aus der Schatzkiste aussuchen."*

15. Simultane Mengenerfassung

- ✓ Zusätzliches Material: Schatzkiste mit 8 Edelsteinen
- ✓ Vorgehen und Text: Die Lehrperson erklärt: *„Lilli nimmt Edelsteine aus der Schatzkiste heraus und zeigt sie dir. Sage Lilli bitte, wie viele Edelsteine du siehst."*
- ✓ Ergänzende Hinweise: Die Steine können zuerst auf der Zeichnung liegen; dann nimmt die Lehrperson zuerst drei Edelsteine, anschließend fünf Edelsteine und legt sie in ungeordneter Reihe vor dem Kind auf den Tisch. Bei der simultanen Mengenerfassung werden die Edelsteine nicht mit den Fingern abgezählt. Das Kind sollte die Anzahl der Steine durch seine visuelle Wahrnehmung erkennen. Erfasst das Kind die Menge 3 simultan, zählt aber die Menge 5 ab, kann die Übung mit 4 Edelsteinen versucht werden. Es gibt dafür ebenfalls 2 Punkte. Das Ergebnis vermerkt die Lehrperson im Auswertungsbogen unter „Notizen".

16. Mengen herstellen nach Benennen der Anzahl

- ✓ Zusätzliches Material: Schatzkiste mit 5 Edelsteinen, Bleistift
- ✓ Vorgehen und Text: Die Lehrperson sagt: *„Der Zwerg Willi nimmt drei Edelsteine aus der Schatzkiste. Mache es ihm nach und male sie bitte in das Säckchen."*
- ✓ Ergänzende Hinweise: Das Kind soll erst drei Edelsteine aus der Schatzkiste nehmen und anschließend in das Säckchen einzeichnen. So wird die Gegenstandsmenge 3 zum Zahlwort hergestellt und zeichnerisch dargestellt.

17. Mengen herstellen nach Vorlage einer Ziffernkarte

- ✓ Zusätzliches Material: Buntstifte, Ziffernkarte 5, 5 Edelsteine
- ✓ Vorgehen und Text: Die Lehrperson zeigt dem Kind die Ziffernkarte mit der 5: *„Diese Zahl kennst du schon. Sage mir bitte, wie sie heißt. Willi legt nun genau so viele Edelsteine in seine Schatzkiste, wie die Zahl auf der Karte anzeigt. Male sie bitte mit den Buntstiften in die Schatzkiste hinein."*
- ✓ Ergänzende Hinweise: Ggf. kann das Kind zur Veranschaulichung erst die Edelsteine in die Schatzkiste legen (im Auswertungsbogen vermerken).

18. Punktmenge zur Gegenstandsmenge herstellen

- ✓ Zusätzliches Material: Bleistift (ggf. als zusätzliche Hilfe Punktmengenkarten, siehe unten)
- ✓ Vorgehen und Text: Die Lehrperson zeigt auf Aufgabe 18: *„Auf der linken Seite siehst du einen Fisch, zwei Autos, drei Bälle, vier Äpfel und fünf Schmetterlinge. In die Kästchen auf der rechten Seite soll Willi so viele Punkte malen, wie du Dinge siehst. Hilf ihm bitte dabei. Male die Punkte mit dem Bleistift in die Kästchen hinein."*
- ✓ Ergänzende Hinweise: Versteht das Kind die Anweisung nicht, darf das erste Bild gemeinsam mit der Lehrperson bearbeitet werden. Zum Beispiel: Hier siehst du *einen* Fisch – nun malst du in das Kästchen *einen* Punkt. Die weiteren Aufgaben soll das Kind ohne Hilfe lösen. Das Einzeichnen der Punkte muss nicht dem Würfelbild entsprechen. Ggf. können an dieser Stelle dem Kind auch Punktmengenkarten (Karten mit einem bis fünf Punkten) zur Veranschaulichung gezeigt werden (im Auswertungsbogen vermerken). Die Lehrperson kann ggf. fragen, warum die Karte zum Gegenstand gehört.

19. Zuordnung von Zahl und Menge

- ✓ Zusätzliches Material: Bleistift
- ✓ Vorgehen und Text: Die Lehrperson zeigt auf die Aufgabe 19 und die Zahlen: *„Hier siehst du die Zahlen 1, 2, 3, 4 und 5. Verbinde die Zahl und das passende Würfelbild. Nimm dazu bitte den Bleistift."*
- ✓ Ergänzende Hinweise: Die Lehrperson darf bei der Eins Hilfestellung geben. Die Aufgaben zwei bis fünf muss das Kind selbstständig lösen. Die Würfelpunkte dürfen abgezählt werden.

20. Mächtigkeitsvergleich

- ✓ Zusätzliches Material: Bleistift
- ✓ Vorgehen und Text: Die Lehrperson zeigt auf die Abbildung mit den Pilzen: *„Du siehst in der Reihe oben kleine Pilze und in der Reihe unten große Pilze. Lilli hat die kleinen Pilze gesammelt und Willi die großen Pilze. Haben die beiden gleich viele Pilze gesammelt?"*
- ✓ Ergänzende Hinweise: Kennt das Kind den Begriff „gleich viele" nicht, wird es die Aufgaben 20, 21, 22 und 23 nicht lösen können. Möglicherweise erzielt es Zufallstreffer durch Raten. Gelingt bei den Kindern die simultane Mengenerfassung 3, 4, 5 noch nicht, dürfen die Gegenstände durch Antippen abgezählt werden. Zur Kontrolle und zur Einsicht, dass es gleich viele sind, soll das Kind die Gegenstandsmengen (oben und unten, rechts und links) mit dem Bleistift verbinden. Die Antworten des Kindes werden im Auswertungsbogen vermerkt.

21. Mächtigkeitsvergleich

- ✓ Zusätzliches Material: Bleistift
- ✓ Vorgehen und Text: Die Lehrperson zeigt auf die Aufgabe 21 mit den Blumen. Sie sagt und zeigt: *„Diese Blumen hat Prinzessin Lilli gepflückt."* (links)

„Diese Blumen hat der Zwerg Willi gepflückt." (rechts)
Haben Lilli und Willi gleich viele Blumen gepflückt?"

✓ Ergänzende Hinweise: Wie bei Aufgabe 20.

22. Mengenvergleich

✓ Zusätzliches Material: Bleistift

✓ Vorgehen und Text: Die Lehrperson zeigt auf die Törtchen in Aufgabe 22:
„Willi hat Törtchen gebacken. Lilli isst lieber Äpfel. Sind es gleich viele Törtchen und Äpfel?"

✓ Ergänzende Hinweise: Wie bei Aufgabe 20.

23. Mächtigkeitsvergleich

✓ Zusätzliches Material: Schatzkiste, 10 Goldstücke

✓ Vorgehen und Text: Die Lehrperson nimmt aus der Schatzkiste drei Goldstücke und legt sie in eine Reihe von links nach rechts vor das Kind auf den Tisch. Dabei zählt sie laut mit: *„Eins, zwei, drei."* Genau unter dieser Reihe ordnet sie nochmals drei Goldstücke in einer Reihe an und zählt wiederum laut mit. Sie sagt: *„Du siehst in der Reihe oben drei Goldstücke und in der Reihe unten drei Goldstücke. Es sind also gleich viele Goldstücke. Nun kommt Willi und bringt die Goldstücke in der unteren Reihe durcheinander."*
Lehrperson ordnet die Goldstücke anders an. Sie sagt: *„Sind oben und unten noch gleich viele Goldstücke?"* Die gleiche Übung wird anschließend mit fünf Goldstücken wiederholt.

✓ Ergänzende Hinweise: Die Zeichnung im Überprüfungsheft dient der Veranschaulichung. Zur Kontrolle und zur Einsicht, dass es noch gleich viele Goldstücke sind, ordnet das Kind die ungeordneten Goldstücke wieder den Goldstücken in der oberen Reihe zu.

24. Mächtigkeitsvergleich (hinzufügen)

✓ Zusätzliches Material: Buntstifte

✓ Vorgehen und Text: Die Lehrperson zeigt auf die Blumen in der oberen Reihe. Sie sagt:
1. *„Lilli pflanzt in ihrem Garten vier Blumen in einer Reihe."* (Die Lehrperson zählt die Blumen mit dem Kind.)
2. *„Der Zauberer Hin-und-Weg schenkt ihr noch eine Blume.*
   Male in der unteren Blumenreihe eine Blume dazu."
3. *„Nun zeichne so viele Punkte in die Kästchen oben und unten, wie du Blumen zählen kannst."*
4. *„Male die Blumenreihe an, in der mehr Blumen sind."*

✓ Ergänzende Hinweise: Diese Aufgabe besteht aus vier Teilbereichen. Die Lehrperson erklärt immer nur eine Übung und wartet, bis das Kind die Aufgabe ausgeführt hat. Erst dann folgt die nächste Anweisung.

25. Mächtigkeitsvergleich (wegnehmen)

✓ Zusätzliches Material: Bleistift

✓ Vorgehen und Text: Die Lehrperson zeigt auf die Törtchen in der oberen Reihe. Sie sagt:
1. *„Lilli hat fünf Törtchen gebacken."* (Lehrperson und Kind zählen die Törtchen.)
2. *„Für den Zauberer Hin-und-Weg backt sie noch mal fünf Törtchen und legt sie darunter."* (Lehrperson und Kind zählen die Törtchen in der unteren Reihe.)
3. *„Nun kommt Willi und isst von den unteren Törtchen eins auf. Streiche es weg."*
4. *„Sind oben und unten noch gleich viele Törtchen?"*
5. *„Wie viele Törtchen bleiben für den Zauberer übrig? Kreise die Zahl ein."*

✓ Ergänzende Hinweise: Wie bei Aufgabe 24. Die Antwort des Kindes auf Frage 4 wird im Auswertungsbogen unter Notizen vermerkt.

26. Räumliche Orientierung/Raumbegriffe (am größten/kleinsten)

✓ Zusätzliches Material: gelber Buntstift

✓ Vorgehen und Text: Die Lehrperson zeigt auf das Bild mit den Schmetterlingen: *„Im Garten von Prinzessin Lilli fliegen viele Schmetterlinge. Male bitte den größten und den kleinsten Schmetterling mit dem gelben Stift an.*

✓ Ergänzende Hinweise: –

27. Räumliche Orientierung/Raumbegriffe (auf/unter)

✓ Zusätzliches Material: gelber und blauer Buntstift

✓ Vorgehen und Text: Die Lehrperson zeigt auf das Bild mit den Bäumen und Vögeln:
„Im Garten der Prinzessin gibt es auch Vögel.
1. Male den Vogel an, der auf dem Baum sitzt. Nimm dazu bitte deinen gelben Stift.
2. Male den Vogel an, der unter dem Baum sitzt. Nimm dazu bitte deinen blauen Stift."

✓ Ergänzende Hinweise: Die Lehrperson wartet, bis das Kind die erste Anweisung ausgeführt hat. Erst dann folgt die zweite Anweisung.

28. Räumliche Orientierung/Raumbegriffe (rechts/links)

✓ Zusätzliches Material: roter und grüner Buntstift

✓ Vorgehen und Text: Die Lehrperson zeigt auf die Abbildung mit den Fischen: *„Im Aquarium des Zauberers Hin-und-Weg schwimmen viele Fische. Male bitte die Fische, die nach rechts schwimmen, rot an. Und male die Fische, die nach links schwimmen, grün an. Die Pfeile helfen dir dabei."*

✓ Ergänzende Hinweise: Die Lehrperson malt vor Beginn des Überprüfungsverfahrens die Pfeile rot und grün an. Hier können beide Anweisungen gleichzeitig erfolgen.

29. Räumliche Orientierung/Raumbegriffe

✓ Zusätzliches Material: Buntstifte (rot, gelb, grün)

✓ Vorgehen und Text: *„Damit du dich im Zahlen- und Formenland zurechtfindest, sollst du nun folgende Aufgabe lösen: Prinzessin Lilli hat in ihrer Schatzkiste fünf Fächer.*
1. Ein roter Edelstein liegt in der Mitte. Zeichne ihn ein.
2. Ein gelber Ring liegt oben links. Zeichne ihn ein.
3. Eine grüne Kette liegt unten rechts. Zeichne sie ein."

✓ Ergänzende Hinweise: Die Anweisungen eins bis drei erfolgen mit Pausen nacheinander: Das Kind führt die erste Aufgabe aus, dann die zweite Aufgabe, danach die dritte Aufgabe.

30. Räumliche Orientierung

✓ Zusätzliches Material: Bleistift

✓ Vorgehen und Text: Die Lehrperson zeigt auf Aufgabe 30: *„Willi möchte den Zauberer Hin-und-Weg besuchen. Hilf dem Zwerg bitte, den Weg zum Zauberschloss zu finden!"*

✓ Ergänzende Hinweise: Hier kann zusätzlich die Feinmotorik bzw. Grafomotorik beobachtet werden: Das Kind soll mit dem Bleistift in der Mitte des Weges „fahren". Dabei soll es nicht an die Begrenzungslinien anstoßen oder darüber hinausfahren.

31. **Seriation** (mit Formen)

- ✓ Zusätzliches Material: Formen Kreis, Dreieck, Viereck (je 4-mal aus Pappe, vgl. Foto S. 10), Bleistift
- ✓ Vorgehen und Text: Die Lehrperson legt Kreise, Dreiecke und Vierecke vor dem Kind auf den Tisch: *„Hier siehst du Kreise, Dreiecke und Vierecke. Ich lege nun einen Kreis, ein Dreieck und ein Viereck in eine Reihe. Du darfst die Reihe nun weiterlegen. Zuerst einen Kreis, dann ein Dreieck und zuletzt ein Viereck."*
  Anschließend zeigt die Lehrperson auf die Aufgabe 31: *„Lilli hat diese Formen hier gezeichnet. Nun nimm bitte deinen Bleistift und zeichne die Reihe weiter."*
- ✓ Ergänzende Hinweise: Die Reihenbildung erfolgt erst mit dem Legematerial „Formen" als Übung für Kinder, die noch keine oder wenig Erfahrung in der Reihenbildung haben. Dabei achtet die Lehrperson auf den Sprachgebrauch des Kindes: zuerst – dann – zuletzt. Da die Abbildungen von Aufgabe 31 sehr klein sind, können die drei Formen auch ggf. größer auf ein separates Blatt gezeichnet werden.

32. **Serialität** (mit Farben)

- ✓ Zusätzliches Material: gelber und blauer Buntstift
- ✓ Vorgehen und Text: Die Lehrperson zeigt auf die Luftballons: *„Der Zauberer Hin-und-Weg zaubert gelbe und blaue Luftballons. Den ersten Luftballon hat er gelb gezaubert, den zweiten Luftballon hat er blau gezaubert. Nun nimm bitte deinen gelben und deinen blauen Stift und male die Farbreihe weiter."*
- ✓ Ergänzende Hinweise: Die Lehrperson malt vor Beginn des Überprüfungsverfahrens den ersten und zweiten Luftballon mit den entsprechenden Farben an.

33. **Erzählen einer Bildgeschichte**

- ✓ Zusätzliches Material: –
- ✓ Vorgehen und Text: Die Lehrperson zeigt auf die zwei Bilder in Aufgabe 33:
  „Sieh dir die zwei Bilder genau an. Erzähle mir, was du siehst."
- ✓ Ergänzende Hinweise: Die Lehrperson notiert die Aussagen des Kindes unter „Notizen" auf dem Auswertungsbogen.

34. **Bildvergleich**

- ✓ Zusätzliches Material: Bleistift
- ✓ Vorgehen und Text: Lehrperson zeigt auf die Bilder in Aufgabe 34:
  „Sieh dir die zwei Bilder genau an. Auf dem Bild auf der rechten Seite fehlen einige Dinge. Nimm bitte deinen Bleistift und zeichne ein, was fehlt!"
- ✓ Ergänzende Hinweise: Hier steht das Erkennen und Benennen der fehlenden Elemente (insgesamt 5) im Vordergrund und nicht das Zeichnen wird bewertet.

35. **Zahlengedächtnis** (auditiv)

- ✓ Zusätzliches Material: –
- ✓ Vorgehen und Text: *„Ich spreche dir nun Zahlen vor. Hör gut zu. Merke sie dir. Und sprich die Zahlen genauso nach."*
  Die Lehrperson spricht dem Kind eine Zahlenreihe mit drei Zahlen vor: *„Fünf, sieben, drei."* Anschließend wird die Zahlenreihe vom Kind wiederholt. Es folgen weitere Zahlenreihen: *„Sechs, zwei, acht."; „Vier, eins, neun."*
  Gelingt dem Kind die Dreierzahlenreihe, spricht die Lehrperson folgende Zahlenreihen mit vier Zahlen: *„Eins, fünf, acht, drei."; „Vier, zwei, sechs, drei."; „Neun, sieben, zwei, fünf."*

- ✓ Ergänzende Hinweise: Die Lehrperson notiert die Zahlenfolge der Kinder unter „Notizen“ im Auswertungsbogen und trägt sie erst bei der Auswertung in das Überprüfungsheft der Kinder ein.

36. Zahlengedächtnis (visuell)

- ✓ Zusätzliches Material: Ziffernkarten für die Lehrperson 1–5, Ziffernkarten für das Kind 1–5
- ✓ Vorgehen und Text: Die Lehrperson legt dem Kind eine Dreierzahlenkartenreihe von links nach rechts vor (1–3–5). Die Zahlen werden dabei nicht benannt. Die Lehrperson tippt von links nach rechts eine Karte nach er anderen an und spricht: *„Sieh dir die Zahlenreihe genau an und merke sie dir. Nun drehe ich die Karten um. Mit deinen Zahlenkarten legst du die gleiche Zahlenreihe nach.“*
  Anschließend kontrolliert das Kind, ob seine Zahlenreihe in Ordnung ist und korrigiert gegebenenfalls. Es folgen weitere Reihen (4–2–1; 3–5–2; 5–1–2–4; 3–1–5–4).
- ✓ Ergänzende Hinweise: Das Kind erhält jeweils nur die Zahlenkarten, die für die Reihe verwendet werden. Gelingt dem Kind die Dreierreihe nicht, kann die Lehrperson diese Übung abbrechen und auf die Reihen mit vier Zahlen verzichten. Es wird auf die Arbeitsrichtung und die Reihenfolge, in der das Kind die Zahlen anordnet, geachtet. Die Lehrperson notiert die Zahlenfolge der Kinder unter „Notizen“ im Auswertungsbogen und trägt sie erst bei der Auswertung in das Überprüfungsheft der Kinder ein.

37. Körperteile zeigen und benennen

- ✓ Zusätzliches Material: eigener Körper
- ✓ Vorgehen und Text: Das Kind und die Lehrperson sitzen nebeneinander. Die Lehrperson spricht: *„Ich zeige bei mir auf einen Körperteil. Du zeigst den gleichen Körperteil an deinem Körper und sagst mir, wie er heißt!“*
  Die Lehrperson zeigt auf folgende Körperteile: Stirn, Nase, Ohr, Hals, Schulter, Arm, Zeigefinger, Hand, Bein, Knie, Fuß, Bauch. Dabei wechselt die Lehrperson zwischen der rechten und der linken Seite. Das Kind soll den Körperteil auf der gleichen Körperseite zeigen wie die Lehrperson.
- ✓ Ergänzende Hinweise: Hier kann beobachtet werden, ob das Kind von sich aus weitere Körperteile benennt oder eventuell auch die Anzahl (einmal/zweimal vorhanden) von sich aus nennt.

38. Körperteile benennen und einzeichnen

- ✓ Zusätzliches Material: Bleistift
- ✓ Vorgehen und Text: Die Lehrperson zeigt auf die Aufgabe 38: *„Hier siehst du ein Kind. Es ist noch nicht ganz fertig. Du darfst die fehlenden Körperteile einzeichnen. Sage mir dabei, was du zeichnest. Nimm deinen Bleistift und beginne jetzt.“*
- ✓ Ergänzende Hinweise: Die Lehrperson kann beobachten, ob das Kind in Sätzen spricht oder nur die Körperteile benennt. Ebenso wird beobachtet, ob das Kind alle fehlenden Körperteile einzeichnet. Alle Anmerkungen können unter der Rubrik „Notizen“ auf dem Auswertungsbogen festgehalten werden.

39. Körperschema

- ✓ Zusätzliches Material: Buntstifte
- ✓ Vorgehen und Text: „Hier hast du Platz für ein schönes Bild. Male Prinzessin Lilli, Zwerg Willi und den Zauberer Hin-und-Weg. Nimm dazu bitte deine Buntstifte.“
- ✓ Ergänzende Hinweise: Alle Anmerkungen können unter der Rubrik „Notizen“ auf dem Auswertungsbogen festgehalten werden.

Überprüfungsheft

Datum:

____

Einrichtung (Anschrift):

____

Prüfer/Prüferin:

____

Name des Kindes:

____

Geburtstag: ______________________________ Alter: ______________________________

Uhrzeit zu Beginn __________ und zum Ende __________ des Überprüfungsverfahrens.

Anmerkungen:

____

____

____

____

____

____

____

____

Einstiegsbild: Zahlen- und Formenland

„Sieh dir das Bild an. In diesem Land wohnen Prinzessin Lilli, der Zwerg Willi und der Zauberer Hin-und-Weg. Lilli sorgt für Ordnung im Zahlen- und Formenland. Willi, der Zwerg, bringt die Zahlen und Formen oft durcheinander. Du kannst ihm helfen, die Aufgaben zu lösen, die Lilli für ihn vorbereitet hat. Du darfst das Zahlen- und Formenland besuchen und wirst viele Abenteuer mit den Formen und Zahlen erleben. Fangen wir gleich an!“

1. Formen benennen

„Willi zeigt dir hier verschiedene Formen. Kannst du ihm sagen, wie sie heißen?“

2. Formen zuordnen, Farben erkennen

„Hier siehst du die gleichen Formen noch einmal. Jetzt ist jede Form zweimal da. Bitte hilf Willi, immer zwei gleiche Formen miteinander zu verbinden. Verbinde die Kreise mit dem roten Buntstift (… Ovale gelb, Dreiecke blau, Vierecke grün, Fünfecke braun).“

3. Farben benennen

„Lilli hat fünf Bälle gezeichnet. Jeder Ball hat eine andere Farbe. Du darfst die Bälle mit den Buntstiften anmalen. Sage mir, wie die Farbe heißt, die du verwendest.“

4. Räumliche Orientierung/Raumbegriffe (erste/letzte)

„Mit dem Bleistift soll Willi das erste Tier und das letzte Tier einkreisen. Bitte nimm deinen Bleistift und hilf ihm.“

5. Farben vergleichen, erkennen, zuordnen

„Willi, der Zwerg, möchte immer die gleichfarbigen Bälle und Stifte verbinden.
Du kannst ihm dabei helfen. Beginne bitte jetzt!"
(vorher anmalen, siehe Anleitung)

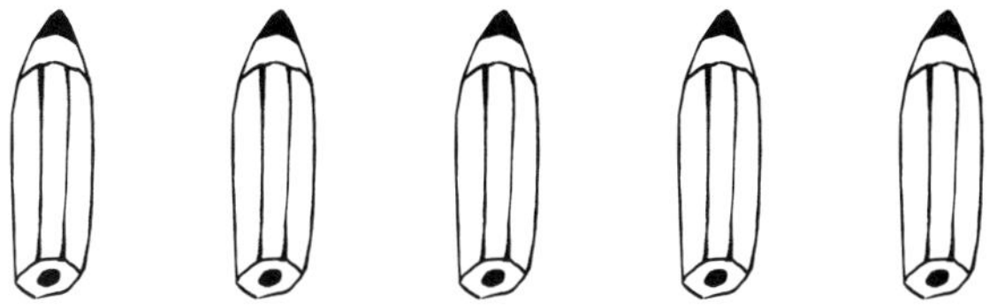

6. Identifikation mit einer Zahl

„Lilli möchte wissen, wie alt du bist. Male für jedes Jahr eine Kerze auf den Geburtstagskuchen. Nimm dazu bitte die Buntstifte."

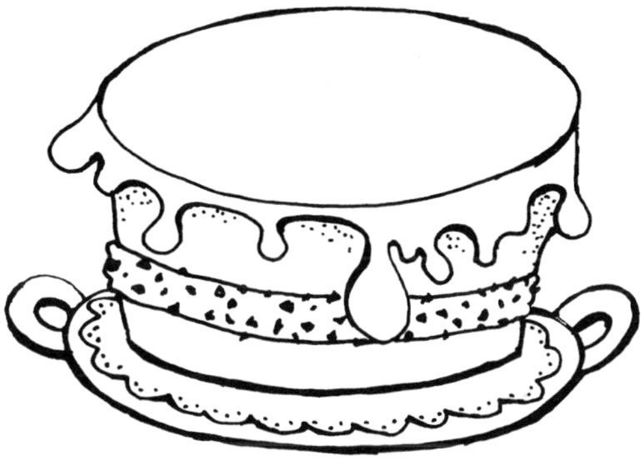

7. Sukzessives Zählen

„Lilli möchte wissen, wie weit du zählen kannst."

Das Kind zählt bis ________ .

8. Gegenstandsmenge abzählen

„Im Garten von Lilli wachsen wunderschöne Blumen. Zähle bitte, wie viele Blumen es sind!"

Das Kind zählt: ________ .

9. Vorwärtszählen auf dem Zahlenweg

„Über den Zahlenweg kommt Lilli zu Willi. Gehe auf dem Weg von Zahl zu Zahl und zähle laut mit."

10. Rückwärtszählen auf dem Zahlenweg

„Willi versucht nun, rückwärts zu zählen. Kannst du ihm helfen? Stelle dich auf die Fünf und gehe immer eine Zahl zurück. Zähle dabei laut mit."

11. Ziffern auf dem Zahlenweg erkennen

„Auf dieser Karte siehst du die Zahl 3. Willi möchte sich auf die 3 am Zahlenweg stellen. Zeige ihm bitte, wie das geht."

12. Ziffer erkennen, Zahl benennen

1. *„Nun stelle dich auf die drei auf dem Zahlenweg und schließe die Augen. Lilli möchte wissen, welche Zahl vor der drei kommt? Sage sie bitte laut."*
2. *„Bestimmt weißt du auch, welche Zahl nach der drei kommt? Sage sie bitte laut."*

13. Zahl hören, Ziffer erkennen

1. *„Hier siehst du fünf Häuser. Willi wohnt im Haus mit der Nummer drei. Male dieses Haus bitte mit dem blauen Buntstift an."*
2. *„Der Zauberer Hin-und-Weg wohnt im Haus mit der Nummer fünf. Male dieses Haus bitte mit dem gelben Buntstift an."*

14. Visuomotorik (siehe Teile14.1–14.5)

„Eine Schatzkiste mit Goldstücken, Edelsteinen und Glasperlen wird vom Zauberer Hin-und-Weg bewacht. Diese Schatzkiste gehört Prinzessin Lilli. Du darfst dir etwas aus der Schatzkiste aussuchen, wenn du die folgenden fünf Aufgaben lösen kannst.“

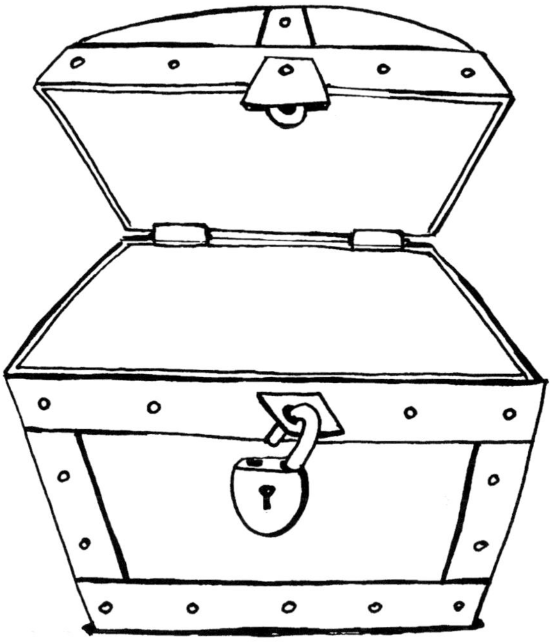

14.1 Formen zeichnen

„Deine erste Aufgabe lautet: Zeichne auf der rechten Seite mit dem Bleistift bitte einen Kreis, ein Dreieck und ein Viereck.“

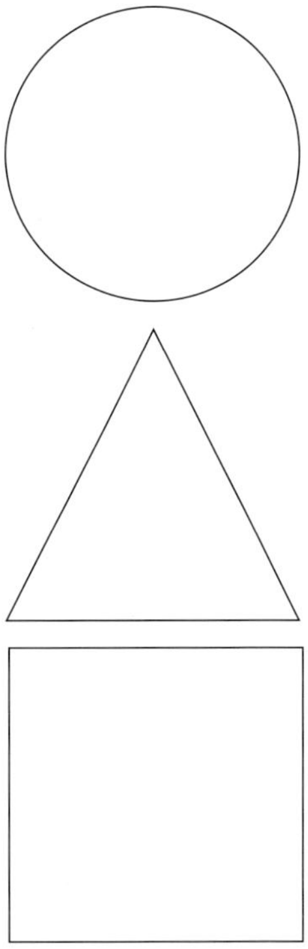

14.2 Formkonstanz

„Deine zweite Aufgabe lautet: Zeige auf den oberen Turm. Unten sind auch Türme. Suche bitte den Turm, der genauso aussieht, wie der obere Turm. Kreuze den Turm mit dem Bleistift an.“

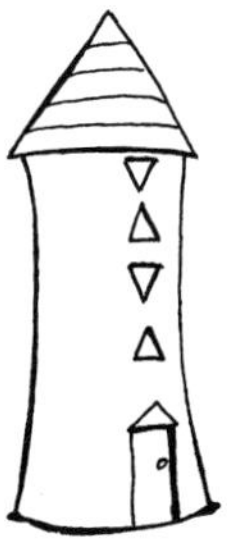

14.3 Raumlage

„Deine dritte Aufgabe lautet: Zeige auf die obere Blumenvase. Unten sind auch Vasen. Suche bitte die Vase, die genauso aussieht, wie die obere Vase. Kreuze die Vase mit dem Bleistift an.“

14.4 Erkennen der Lage im Raum

„Deine vierte Aufgabe lautet: Hier siehst du fünf Kronen. Mache bitte ein Kreuz bei der Krone, die anders als die anderen aussieht. Diese Krone gehört Prinzessin Lilli."

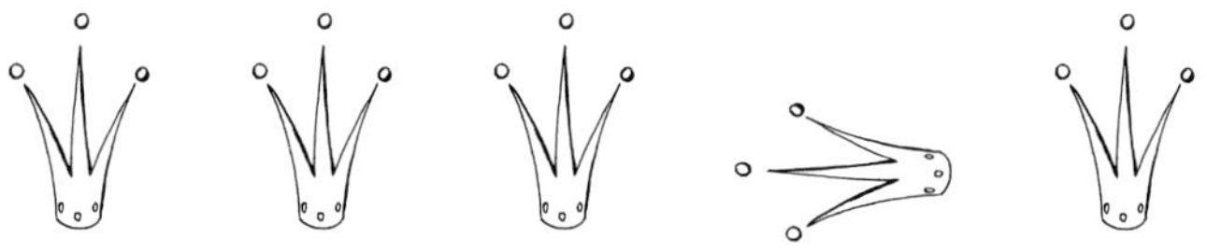

14.5 Figur-Grund-Wahrnehmung

„Willi hat den Schlüssel für die Schatzkiste versteckt. Deine fünfte Aufgabe lautet: Finde bitte den Schlüssel für die Schatzkiste wieder! Spure den Schlüssel mit deinem roten Buntstift nach."
Die Lehrperson erzählt danach: *„Du darfst dir als Dankeschön etwas aus der Schatzkiste aussuchen."*

15. Simultane Mengenerfassung

„Lilli nimmt Edelsteine aus der Schatzkiste heraus und zeigt sie dir. Sage Lilli bitte, wie viele Edelsteine du siehst."

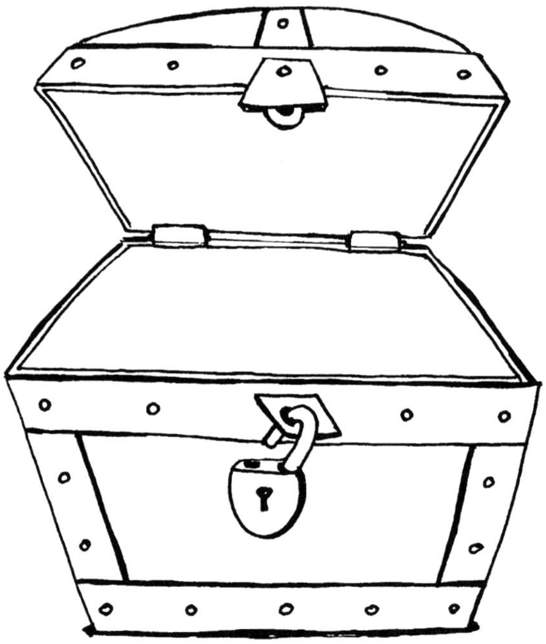

16. Mengen herstellen nach Benennen der Anzahl

„Der Zwerg Willi nimmt drei Edelsteine aus der Schatzkiste. Mache es ihm nach und male sie bitte in das Säckchen."

17. Mengen herstellen nach Vorlage einer Ziffernkarte

„Diese Zahl kennst du schon. Sage mir bitte, wie sie heißt. Willi legt nun genau so viele Edelsteine in seine Schatzkiste, wie die Zahl auf der Karte anzeigt. Male sie bitte mit den Buntstiften in die Schatzkiste hinein.“

5

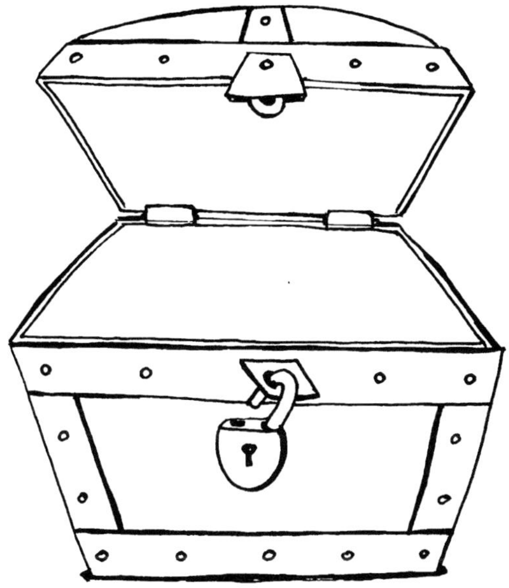

18. Punktmenge zur Gegenstandsmenge herstellen

„Auf der linken Seite siehst du einen Fisch, zwei Autos, drei Bälle, vier Äpfel und fünf Schmetterlinge. In die Kästchen auf der rechten Seite soll Willi so viele Punkte malen, wie du Dinge siehst. Hilf ihm bitte dabei. Male die Punkte mit dem Bleistift in die Kästchen hinein.“

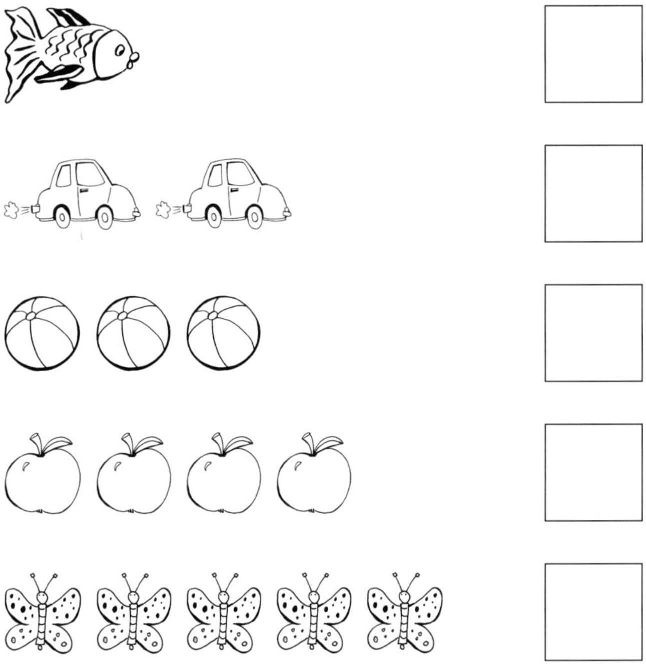

19. Zuordnung von Zahl und Menge

„Hier siehst du die Zahlen 1, 2, 3, 4 und 5. Verbinde die Zahl und das passende Würfelbild. Nimm dazu bitte den Bleistift.“

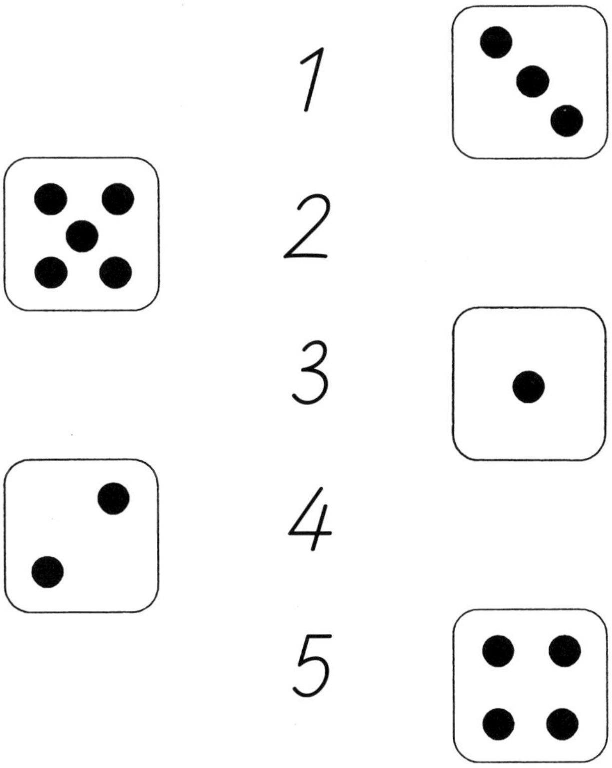

20. Mächtigkeitsvergleich

„Du siehst in der Reihe oben kleine Pilze und in der Reihe unten große Pilze. Lilli hat die kleinen Pilze gesammelt und Willi die großen Pilze. Haben die beiden gleich viele Pilze gesammelt?“

21. Mächtigkeitsvergleich

„Diese Blumen hat Prinzessin Lilli gepflückt.“ (links)
„Diese Blumen hat der Zwerg Willi gepflückt.“ (rechts)
Haben Lilli und Willi gleich viele Blumen gepflückt?“

22. Mengenvergleich

„Willi hat Törtchen gebacken. Lilli isst lieber Äpfel. Sind es gleich viele Törtchen und Äpfel?“

23. Mächtigkeitsvergleich

„Du siehst in der Reihe oben drei Goldstücke und in der Reihe unten drei Goldstücke. Es sind also gleich viele Goldstücke. Nun kommt Willi und bringt die Goldstücke in der unteren Reihe durcheinander.“
Lehrperson ordnet die Goldstücke anders an (siehe unten). Sie sagt:
„Sind oben und unten noch gleich viele Goldstücke?“
(Die gleiche Übung mit fünf Goldstücken wiederholen.)

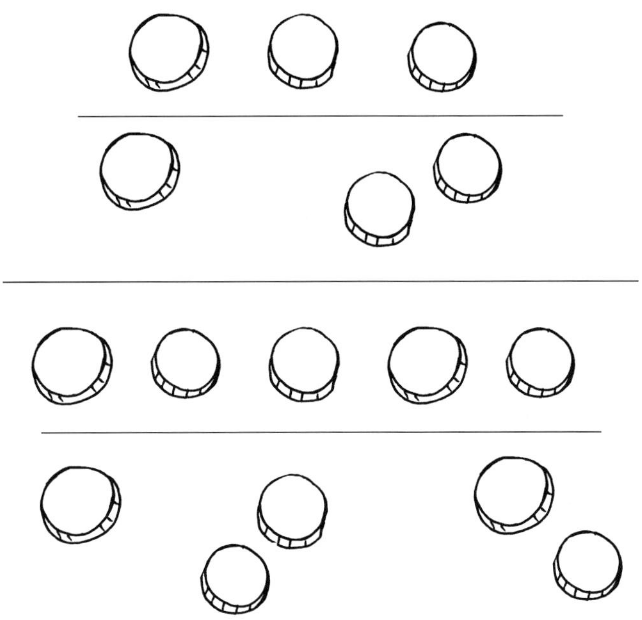

24. Mächtigkeitsvergleich (hinzufügen)

1. *„Lilli pflanzt in ihrem Garten vier Blumen in einer Reihe.“* (Lehrperson zählt die Blumen mit dem Kind.)
2. *„Der Zauberer Hin-und-Weg schenkt ihr noch eine Blume. Male in der unteren Blumenreihe eine Blume dazu.“*
3. *„Nun zeichne so viele Punkte in die Kästchen oben und unten, wie du Blumen zählen kannst.“*
4. *„Male die Blumenreihe an, in der mehr Blumen sind.“*

25. Mächtigkeitsvergleich (wegnehmen)

1. *„Lilli hat fünf Törtchen gebacken."* (Lehrperson und Kind zählen die Törtchen.)
2. *„Für den Zauberer Hin-und-Weg backt sie noch mal fünf Törtchen und legt sie darunter."* (Lehrperson und Kind zählen die Törtchen in der unteren Reihe.)
3. *„Nun kommt Willi und isst von den unteren Törtchen eins auf. Streiche es weg."*
4. *„Sind oben und unten noch gleich viele Törtchen?"*

5. *„Wie viele Törtchen bleiben für den Zauberer übrig? Kreise die Zahl ein."*

26. Räumliche Orientierung/Raumbegriffe (am größten/kleinsten)

„Im Garten von Prinzessin Lilli fliegen viele Schmetterlinge. Male bitte den größten und den kleinsten Schmetterling mit dem gelben Stift an."

27. Räumliche Orientierung/Raumbegriffe (auf/unter)

„Im Garten der Prinzessin gibt es auch Vögel.
1. *Male den Vogel an, der auf dem Baum sitzt. Nimm dazu bitte deinen gelben Stift.*
2. *Male den Vogel an, der unter dem Baum sitzt. Nimm dazu bitte deinen blauen Stift."*

28. Räumliche Orientierung/Raumbegriffe (rechts/links)

„Im Aquarium des Zauberers Hin-und-Weg schwimmen viele Fische. Male bitte die Fische, die nach rechts schwimmen, rot an. Und male die Fische, die nach links schwimmen, grün an. Die Pfeile helfen dir dabei."

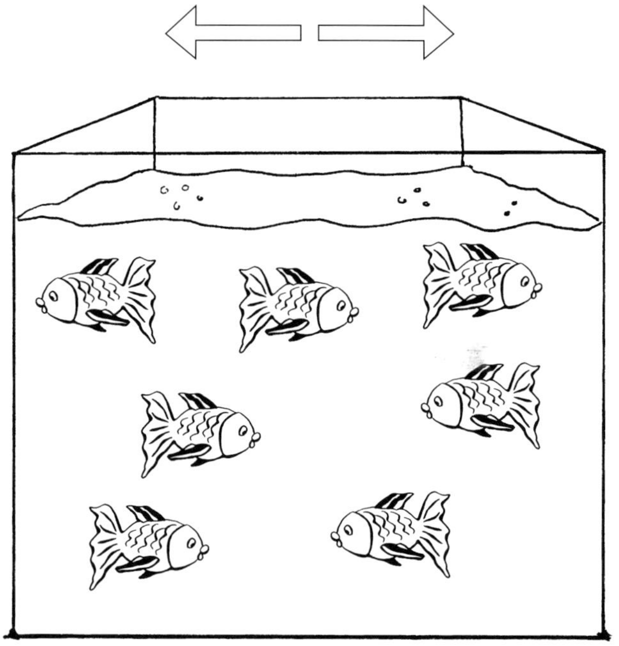

29. Räumliche Orientierung/Raumbegriffe

„Damit du dich im Zahlen- und Formenland zurechtfindest, sollst du nun folgende Aufgabe lösen: Prinzessin Lilli hat in ihrer Schatzkiste fünf Fächer.
1. *Ein roter Edelstein liegt in der Mitte. Zeichne ihn ein.*
2. *Ein gelber Ring liegt oben links. Zeichne ihn ein.*
3. *Eine grüne Kette liegt unten rechts. Zeichne sie ein."*

30. Räumliche Orientierung

„Willi möchte den Zauberer Hin-und-Weg besuchen. Hilf dem Zwerg bitte, den Weg zum Zauberschloss zu finden!"

31. Seriation (mit Formen)

„Hier siehst du Kreise, Dreiecke und Vierecke. Ich lege nun einen Kreis, ein Dreieck und ein Viereck in eine Reihe. Du darfst die Reihe nun weiterlegen. Zuerst einen Kreis, dann ein Dreieck und zuletzt ein Viereck." „Lilli hat diese Formen hier gezeichnet. Nun nimm bitte deinen Bleistift und zeichne die Reihe weiter."

32. Serialität (mit Farben)

„Der Zauberer Hin-und-Weg zaubert gelbe und blaue Luftballons. Den ersten Luftballon hat er gelb gezaubert, den zweiten Luftballon hat er blau gezaubert. Nun nimm bitte deinen gelben und deinen blauen Stift und male die Farbreihe weiter."

33. Erzählen einer Bildgeschichte

„Sieh dir die zwei Bilder genau an. Erzähle mir, was du siehst."

34. Bildvergleich

„Sieh dir die zwei Bilder genau an. Auf dem Bild auf der rechten Seite fehlen einige Dinge. Nimm bitte deinen Bleistift und zeichne ein, was fehlt!"

35. Zahlengedächtnis (auditiv)

„Ich spreche dir nun Zahlen vor. Hör gut zu. Merke sie dir. Und sprich die Zahlen genauso nach.“

5	7	3		______
6	2	8		______
4	1	9		______
1	5	8	3	______
4	2	6	3	______
9	7	2	5	______

36. Zahlengedächtnis *(visuell)*

„Sieh dir die Zahlenreihe genau an und merke sie dir. Nun drehe ich die Karten um. Mit deinen Zahlenkarten legst du die gleiche Zahlenreihe nach.“

1	3	5		______
4	2	1		______
3	5	2		______
5	1	2	4	______
3	1	5	4	______

37. Körperteile zeigen und benennen

„Ich zeige bei mir auf einen Körperteil. Du zeigst den gleichen Körperteil an deinem Körper und sagst mir, wie er heißt!“

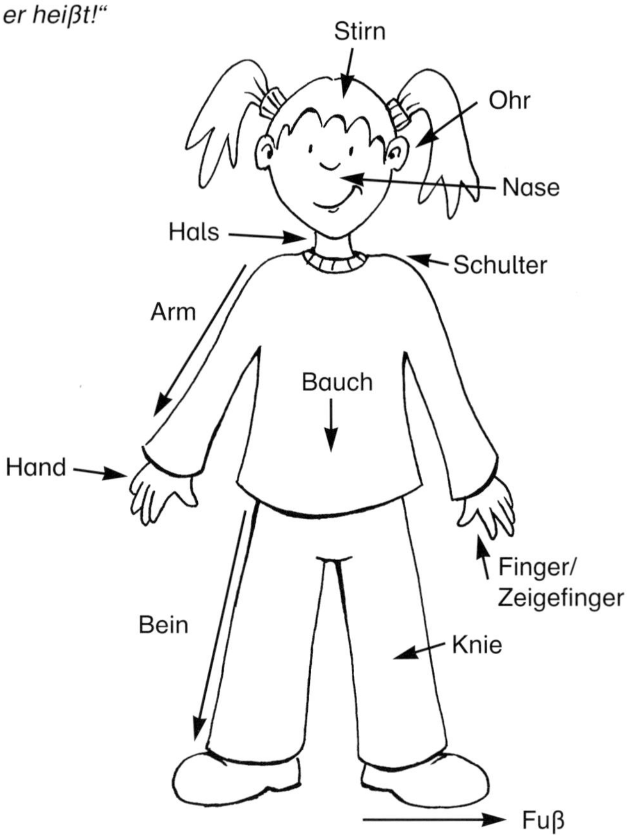

38. Körperteile benennen und einzeichnen

„Hier siehst du ein Kind. Es ist noch nicht ganz fertig. Du darfst die fehlenden Körperteile einzeichnen. Sage mir dabei, was du zeichnest. Nimm deinen Bleistift und beginne jetzt.“

39. Körperschema

„Hier hast du Platz für ein schönes Bild. Male Prinzessin Lilli, Zwerg Willi und den Zauberer Hin-und-Weg. Nimm dazu bitte deine Buntstifte.“

Auswertung

Auswertungsbogen

(zu den 39 Aufgaben zum Zahlenraum von 1 bis 5 und den Formen Kreis, Oval, Dreieck, Viereck und Fünfeck)

Bewertungshinweise

Die Lehrperson kreuzt die erreichte Punktzahl des Kindes in der *Auswertungstabelle* an.

Anschließend werden die Punkte in die fünf Bereiche (Geometrie, Basaler Bereich, Sprache, Denken und Mathematik) des *Auswertungsdiagramms* übertragen. Für jeden Punkt, den das Kind erreicht hat, wird ein weißes Kästchen, von unten beginnend, angemalt. In den unteren grauen Feldern steht die Aufgabennummer.
So entsteht ein Überblick über die Teilleistungsbereiche, bei denen das Kind gut abgeschnitten hat, und somit auch darüber, in welchen Bereichen Förderbedarf besteht.

Datum: ______________________

Name des Kindes: ______________________ Alter: ______________

Erreichte Punktzahl: ____________ (von 112 Punkten)

Notizen zum Einstiegsbild: Reaktion und Spontansprache (Artikulation, Wortschatz, Grammatik etc.)

____

____

____

____

____

____

____

____

____

Zur Lateralität:

- ☐ Das Kind greift mit der rechten Hand.
- ☐ Das Kind greift mit der linken Hand.
- ☐ Die Lateralität ist nicht gesichert.

Notizen zu den einzelnen Aufgaben

Auswertungstabelle

Nr.	Name der Aufgabe	Punkte	Bereich
1	**Formen benennen**	0 benennt die Formen nicht 1 benennt eine Form; welche: ______________ 2 benennt zwei oder drei Formen; welche: ______________ 3 benennt mehr als drei Formen; welche: ______________	**Geometrische Formen** max. 3 Punkte
2	**Formen zuordnen, Farben erkennen**	0 ordnet keine Form und erkennt keine Farbe 1 ordnet eine Form zu und erkennt eine Farbe 2 ordnet zwei oder drei Formen zu und erkennt zwei oder drei Farben 3 ordnet mehr als drei Formen zu und erkennt mehr als drei Farben	**Geometrische Formen** max. 3 Punkte
3	**Farben benennen**	0 benennt keine Farbe 1 benennt eine Farbe; welche: ______________ 2 benennt zwei oder drei Farben; welche: ______________ 3 benennt mehr als drei Farben; welche: ______________	**Sprache** max. 3 Punkte
4	**Räumliche Orientierung/ Raumbegriffe** (erste/letzte)	0 gelingt nicht 1 kreist das erste Tier ein 1 kreist das letzte Tier ein	**Basaler Bereich** max. 2 Punkte
5	**Farben vergleichen, erkennen, zuordnen**	0 gelingt nicht 1 Zuordnung gelingt einmal 2 Zuordnung gelingt zwei- oder dreimal 3 Zuordnung gelingt mehr als dreimal	**Mathematik** (Eins-zu-Eins-Zuordnung) max. 3 Punkte
6	**Identifikation mit einer Zahl**	0 gelingt nicht 2 richtige Anzahl der Kerzen	**Mathematik** max. 2 Punkte
7	**Sukzessives Zählen**	0 gelingt nicht 1 zählt bis drei 2 zählt bis vier oder fünf 3 zählt weiter als fünf	**Denken** max. 3 Punkte
8	**Gegenstandsmenge abzählen**	0 gelingt nicht 1 zählt die Menge richtig ab 1 simultane Mengenerfassung bis 5 möglich	**Denken** max. 2 Punkte
9	**Vorwärtszählen auf dem Zahlenweg**	0 gelingt nicht 1 zählt bis zwei 2 zählt bis drei oder vier 3 zählt bis fünf	**Denken** (Ziffer erkennen) max. 3 Punkte
10	**Rückwärtszählen auf dem Zahlenweg**	0 gelingt nicht 1 zählt fünf, vier 2 zählt fünf, vier, drei 3 zählt richtig	**Denken** (Ziffer erkennen) max. 3 Punkte
11	**Ziffern auf dem Zahlenweg erkennen**	0 gelingt nicht 1 erkennt die Ziffer 2 erkennt weitere Ziffern	**Denken** max. 3 Punkte
12	**Ziffer erkennen, Zahl benennen**	0 gelingt nicht 1 vor der 3 richtig 1 nach der 3 richtig	**Denken** max. 2 Punkte

Nr.	Name der Aufgabe	Punkte		Bereich
13	**Zahl hören, Ziffer erkennen**	0 gelingt nicht 1 findet eine richtige Ziffer 2 findet beide Ziffern	0 gelingt nicht 1 malt ein Haus richtig an 2 malt beide Häuser an	**Denken** max. 4 Punkte
14.1	**Visuomotorik Formen zeichnen**	0 gelingt nicht 1 leichte Schwierigkeiten 2 ohne Schwierigkeiten		**Basaler Bereich** (Visuomotorik) max. 2 Punkte
14.2	**Formkonstanz**	0 gelingt nicht 1 Aufgabe gelöst		**Basaler Bereich** (visuelle Wahrnehmung) max. 1 Punkt
14.3	**Raumlage**	0 gelingt nicht 1 Aufgabe gelöst		**Basaler Bereich** (visuelle Wahrnehmung) max. 1 Punkt
14.4	**Erkennen der Lage im Raum**	0 gelingt nicht 1 Aufgabe gelöst		**Basaler Bereich** (visuelle Wahrnehmung) max. 1 Punkt
14.5	**Figur-Grund-Wahrnehmung**	0 gelingt nicht 1 umfährt den Schlüssel ohne Abweichungen		**Geometrie** (visuelle Wahrnehmung) max. 1 Punkt
15	**Simultane Mengenerfassung**	0 gelingt nicht 1 zählt die Menge ab 2 Menge 3 oder 4 simultan erfasst 3 Menge 5 simultan erfasst		**Mathematik** max. 3 Punkte
16	**Mengen herstellen nach Benennen der Anzahl**	0 gelingt nicht 1 stellt die Menge bis 3 her		**Mathematik** (Klassifikation) max. 1 Punkt
17	**Mengen herstellen nach Vorlage einer Ziffernkarte**	0 gelingt nicht 1 stellt die Menge bis 5 her		**Mathematik** (Klassifikation) max. 1 Punkt
18	**Punktmenge zur Gegenstandsmenge herstellen**	0 gelingt nicht 1 stellt die Menge 1–3 her 2 stellt die Menge 1–4 her 3 stellt die Menge 1–5 her		**Mathematik** (Klassifikation) max. 3 Punkte
19	**Zuordnung von Zahl und Menge**	0 gelingt nicht 1 verbindet die Ziffern 1, 2, 3 und die Würfelbilder 2 verbindet die Ziffern 1, 2, 3, 4 und die Würfelbilder 3 verbindet die Ziffern 1, 2, 3, 4, 5 und die Würfelbilder		**Mathematik** (Klassifikation) max. 3 Punkte
20	**Mächtigkeitsvergleich**	0 gelingt nicht 1 zählt die Menge ab 2 simultaner Mengen-vergleich möglich 1 Einsicht: es sind gleich viele		**Mathematik** (Mengen vergleichen) max. 3 Punkte

Nr.	Name der Aufgabe	Punkte	Bereich
21	**Mächtigkeitsvergleich**	0 gelingt nicht 1 zählt die Menge ab 2 simultaner Mengenvergleich möglich 1 Einsicht: es sind gleich viele	**Mathematik** max. 3 Punkte
22	**Mengenvergleich**	0 gelingt nicht 1 zählt die Menge ab 2 simultaner Mengenvergleich möglich 1 Einsicht: es sind gleich viele	**Mathematik** max. 3 Punkte
23	**Mächtigkeitsvergleich**	0 gelingt nicht 1 zählt die Menge ab 2 sim. Mengenvergleich mit 3 möglich/ gleich viele 0 gelingt nicht 1 zählt die Menge ab 2 sim. Mengenvergleich mit 5 möglich/ gleich viele	**Mathematik** max. 4 Punkte
24	**Mächtigkeitsvergleich** (hinzufügen)	0 gelingt nicht 1 zählt die Menge ab 2 simultaner Mengenvergleich möglich/ gleich viele 1 richtige Punktmenge eingezeichnet 1 richtig angemalte Blumen	**Mathematik** max. 4 Punkte
25	**Mächtigkeitsvergleich** (wegnehmen)	0 gelingt nicht 1 streicht weg 1 Einsicht: es sind nicht gleich viele 1 kreist die richtige Zahl ein	**Mathematik** max. 3 Punkte
26	**Räumliche Orientierung/ Raumbegriffe** (am größten/kleinsten)	0 gelingt nicht 1 findet den größten Schmetterling 1 findet den kleinsten Schmetterling	**Basaler Bereich** max. 2 Punkte
27	**Räumliche Orientierung/ Raumbegriffe** (auf/unter)	0 gelingt nicht 1 auf dem Baum richtig 1 unter dem Baum richtig	**Basaler Bereich** max. 2 Punkte
28	**Räumliche Orientierung/ Raumbegriffe** (rechts/links)	0 gelingt nicht 1 rechte Seite und Farbe richtig 1 linke Seite und Farbe richtig	**Basaler Bereich** max. 2 Punkte
29	**Räumliche Orientierung/ Raumbegriffe**	0 kann keinen Gegenstand richtig einzeichnen 1 kann einen Gegenstand einzeichnen 2 kann zwei Gegenstände einzeichnen 3 kann drei Gegenstände einzeichnen	**Basaler Bereich** max. 3 Punkte
30	**Räumliche Orientierung**	0 gelingt nicht 1 findet den richtigen Weg	**Basaler Bereich** (räumliche Orientierung) max. 1 Punkt
31	**Seriation** (mit Formen)	0 gelingt nicht 1 Formreihe richtig	**Basaler Bereich** max. 1 Punkt
32	**Serialität** (mit Farben)	0 gelingt nicht 1 Farbreihe richtig	**Basaler Bereich** max. 1 Punkt
33	**Erzählen einer Bildgeschichte**	0 weniger als einen vollständigen Satz 1 ein vollständiger Satz 2 zwei oder drei vollständige Sätze 1 Zusammenhang geschildert und erkannt	**Sprachverhalten, Denkfähigkeit** max. 3 Punkte

Nr.	Name der Aufgabe	Punkte	Bereich
34	**Bildvergleich**	0 erkennt und benennt keinen Unterschied 1 erkennt und benennt einen Unterschied 2 erkennt und benennt zwei Unterschiede 3 erkennt und benennt mehr als zwei Unterschiede	**Detailbetrachtende Wahrnehmung** max. 3 Punkte
35	**Zahlengedächtnis** (auditiv)	0 kann keine Zahlenreihe mit 3 Zahlen nachsprechen 1 kann eine Zahlenreihe mit 3 Zahlen nachsprechen 2 kann zwei Zahlenreihen mit 3 Zahlen nachsprechen 3 kann alle Zahlenreihen mit 3 Zahlen nachsprechen 0 kann keine Zahlenreihe mit 4 Zahlen nachsprechen 1 kann eine Zahlenreihe mit 4 Zahlen nachsprechen 2 kann zwei Zahlenreihen mit 4 Zahlen nachsprechen 3 kann alle Zahlenreihen mit 4 Zahlen nachsprechen	**Denken** max. 6 Punkte
36	**Zahlengedächtnis** (visuell)	0 kann keine Zahlenreihe mit 3 Zahlen bilden 1 kann eine Zahlenreihe mit 3 Zahlen bilden 2 kann zwei Zahlenreihen mit 3 Zahlen bilden 3 kann alle Zahlenreihen mit 3 Zahlen bilden 0 kann keine Zahlenreihe mit 4 Zahlen bilden 1 kann eine Zahlenreihe mit 4 Zahlen bilden 2 kann alle Zahlenreihen mit 4 Zahlen bilden	**Denken** max. 5 Punkte
37	**Körperteile zeigen und benennen**	0 kann kein Körperteil zeigen und benennen 1 kann zwei Körperteile zeigen und benennen 2 kann drei bis fünf Körperteile zeigen und benennen 3 kann alle Körperteile zeigen und benennen	**Basaler Bereich** (Körperwahrnehmung) max. 3 Punkte
38	**Körperteile benennen und ein-zeichnen**	0 kann kein Körperteil zeichnen und benennen 1 kann zwei Körperteile zeichnen und benennen 2 kann drei bis fünf Körperteile zeichnen und benennen 3 kann alle Körperteile zeichnen und benennen	**Basaler Bereich** (Körperwahrnehmung) max. 3 Punkte
39	**Körperschema**	0 Kopffüßler 1 Kopf, Rumpf, Arme, Beine 2 Kopf, Rumpf, Arme, Beine und 3 Merkmale (Augen, Nase, Mund, Ohren oder Haare) 3 Kopf, Rumpf, Arme, Beine und 4 Merkmale (Augen, Nase, Mund, Ohren, Haare oder Finger) 4 differenziertes Körperschema und (annähernd) richtige Körperproportionen	**Basaler Bereich** (Körperwahrnehmung) max. 4 Punkte

Auswertungsdiagramm

In folgende Diagramme werden die Punkte der Bereiche Geometrie, basaler Bereich, Sprache, Denken und Mathematik übertragen. Für jeden Punkt, den das Kind erreicht hat, wird ein weißes Kästchen, von unten beginnend, angemalt. In den untersten grauen Feldern steht die Aufgabennummer.
So entsteht ein Überblick über die Teilleistungsbereiche, bei denen das Kind gut abgeschnitten hat, und somit auch darüber, in welchen Bereichen Förderbedarf besteht.

Geometrie

Formen benennen	Formen zuordnen, Farben erkennen	Figur-Grund-Wahrnehmung
1	**2**	**14.5**

Sprache

Farben benennen	Erzählen einer Bildgeschichte	Bildvergleich
3	**33**	**34**

Denken

Sukzessives Zählen	Gegenstandsmenge abzählen	Vorwärtszählen auf dem Zahlenweg	Rückwärtszählen auf dem Zahlenweg	Ziffern auf dem Zahlenweg erkennen	Ziffer erkennen, Zahl benennen	Zahl hören, Ziffer erkennen	Zahlengedächtnis (auditiv)	Zahlengedächtnis (visuell)
7	**8**	**9**	**10**	**11**	**12**	**13**	**35**	**36**

Basaler Bereich

	4										
	3										
	2										
	1										
	1										
Räumliche Orientierung/ Raumbegriffe (erste/letzte)	Visuomotorik (Formen zeichnen, Formkonstanz, Raumlage, Erkennen der Lage im Raum)	Räumliche Orientierung/ Raumbegriffe (am größten/ kleinsten)	Räumliche Orientierung/ Raumbegriffe (auf/unter)	Räumliche Orientierung/ Raumbegriffe (rechts/links)	Räumliche Orientierung/ Raumbegriff	Räumliche Orientierung	Seriation (mit Formen)	Serialität (mit Farben)	Körperteile zeigen und benennen	Körperteile benennen und einzeichnen	Körperschema
4	**14.1/ 2/3/4**	**26**	**27**	**28**	**29**	**30**	**31**	**32**	**37**	**38**	**39**

Mathematik

Farben vergleichen, erkennen, zuordnen	Identifikation mit einer Zahl	Simultane Mengenerfassung	Mengen herstellen nach Benennen der Anzahl	Mengen herstellen nach Vorlage einer Ziffernkarte	Punktmenge zur Gegenstandsmenge herstellen	Zuordnung von Zahl und Menge	Mächtigkeitsvergleich	Mächtigkeitsvergleich	Mengenvergleich	Mächtigkeitsvergleich	Mächtigkeitsvergleich (hinzufügen)	Mächtigkeitsvergleich (wegnehmen)
5	**6**	**15**	**16**	**17**	**18**	**19**	**20**	**21**	**22**	**23**	**24**	**25**

Literaturverzeichnis

Behring, K./Kretschmann, R./Dobrindt, Y.: Prozessdiagnose mathematischer Kompetenzen Band II, Horneburg 1999.

Friedrich, G.: Sonderheft der Zeitschrift Kindergarten heute. Freiburg 2003.

Frostik, M./Horn, D./Maslow, P.: Individualprogramm zur visuellen Wahrnehmungsförderung. Dortmund 1976.

Lüscher, B./Maunder-Gottschall, R.: Mathematik, Arbeitsbuch. Basel 1991

Schilling, S./Prochinig, T.: Praxisbuch Dyskalkulie. Schaffenhausen 1993.

Wernecke, C.: Grundlegende mathematische Fähigkeiten. Skript Studienseminar Mittelfranken 2004.